Savoir dire non

Marie Haddou
Avec la collaboration de Dawn Michelle Baude

Savoir dire non

ÉDITIONS FRANCE LOISIRS

Édition du Club France Loisirs,
avec l'autorisation des Éditions Flammarion

Éditions France Loisirs,
123, boulevard de Grenelle, Paris.
www.franceloisirs.com

ISBN : 978-2-298-00682-7

Sommaire

Avant-propos

Pourquoi est-il si difficile de dire non ? La peur d'être perçu comme un individu agressif, d'être rejeté, le désir de ne pas décevoir ceux que l'on aime semblent être à l'origine de cette forme particulière d'autocensure. Un grand nombre d'entre nous a vécu et vit encore des expériences semblables, éprouvant beaucoup de peine à refuser des propositions contraires à nos désirs, à nos aspirations profondes, à nos intérêts ; cela peut aller de l'achat inutile ou de la coupe de cheveux ignoble jusqu'au contrôle de notre vie la plus intime par nos enfants, parents, employeurs ou amis.

À l'extrême, l'inaptitude à dire non peut se révéler très dangereuse : un alcoolique qui ne peut refuser un verre risque non seulement sa santé mais aussi sa vie. Même si la plupart du temps, l'incapacité à dire non se produit dans des situations apparemment moins dramatiques, ses effets n'en demeurent pas moins souvent déplorables, mais de façon insidieuse.

Nous avons tous rencontré des personnes piégées dans des relations malsaines, mais dont la force d'âme et l'esprit d'indépendance sont insuffisants pour oser dire non. Nous côtoyons des individus injustement traités dans leur milieu professionnel, mais qui manquent de confiance en eux pour affronter cette situation délicate. Chaque jour, nous en croisons qui, pour des raisons multiples, refusent de prendre le risque de dire non dans des circonstances qui pourtant entravent leur développement personnel et mettent en péril leur identité. Dans tous ces cas, savoir dire non ne constitue pas une simple revendication, c'est quasiment une question de survie.

Pouvoir dire non permet de se renforcer et de s'affirmer en tant qu'individu indépendant et authentique. C'est pouvoir être soi, être actif, sans pour autant détruire ou blesser l'autre. C'est faciliter les rapports humains dans tous les domaines de la vie courante. Et ceci dans une société dominée par le malaise, le stress, l'incommunicabilité, l'incompréhension.

Cet ouvrage s'organise autour de deux pôles :

— Une première étape, « Comprendre », tente d'explorer les origines de cette difficulté et de cerner la personnalité et le mode de fonctionnement des personnes qui ne savent pas dire non. Dans cette première partie, nous insistons sur la prise de conscience des mécanismes psychiques – ce qui se passe en vous, ce que vous éprouvez et ignorez bien souvent – qui se développent et disparaissent rapidement sans que vous les perceviez clairement, et qui cependant influencent considérablement votre conduite. Enfin, des méthodes sont proposées pour vous aider à dépasser cette difficulté, vous permettre d'évoluer et de vous transformer. Autrement dit, qui êtes-vous, comment fonctionnez-vous et comment pouvez-vous changer ?

— Une seconde étape, « Mettre en pratique », associe les récits, centrés sur la difficulté à dire non, à des analyses apportant des éléments de réponse aux problèmes évoqués. Ces exemples sont pris dans des domaines variés comme la vie professionnelle, la famille, les relations amicales et amoureuses, le quotidien. Ces illustrations commentées vous permettront de trouver des suggestions concrètes pour résoudre vos problèmes, y réfléchir et tenter de les dépasser.

Pour faciliter et agrémenter l'approche de ce livre, nous vous en proposons une lecture souple, « à la carte » : vous pouvez lire d'abord les histoires pour revenir plus tard à la théorie, ou suivre le déroulement normal du livre en commençant par la partie théorique, ou bien encore panacher, en passant alternativement de la théorie à la pratique et de la pratique à la théorie.

Première étape

Comprendre

I

Réapprendre à dire non

Nous sommes très nombreux à ne pas oser dire non ; à faire partie de la bande des « Non ? Moi, jamais » qui déclament en chœur : « Je ne peux pas dire non » ; « Je n'ai pas pu dire non » ; « Je n'ai pas su dire non » ; « J'aurais dû dire non. » Ces litanies, par-delà leur banalité, reflètent un malaise en même temps qu'une sorte de soumission à un ordre qui nous dépasse. Les exemples ne manquent pas : un homme accepte une invitation à un dîner auquel il n'a aucune envie d'assister ; une amie achète une robe qui ne lui va pas ; un employé se plaint d'être submergé de dossiers qu'on lui a imposés ; une femme donne son numéro de téléphone à un homme avec lequel elle ne veut pas sortir ; un mari ne peut refuser à sa femme un bijou qu'il n'a pas les moyens de lui offrir ; un homme d'affaire donne son accord pour une conférence qu'il n'aura pas le temps de préparer ; une femme se laisse influencer par un chirurgien pour se faire lifter. On n'en finirait pas et la liste est loin d'être close.

Ces histoires, vous les avez entendues de la bouche même de vos amis, des membres de votre famille, de vos collègues de travail, pas une mais dix, cent fois. Vous les avez vécues vous-même, pas une mais dix, cent fois. On peut parler d'une calamité collective, comme si nous partagions tous la même impuissance devant les pressions et les obligations du « tout accepter » ou plutôt du « rien refuser ». Nous n'osons pas adopter un point de vue différent, nous nous sentons incapables d'exprimer nos désirs, de faire valoir nos droits, de revendiquer ce qui est bon pour nous, en un mot, de nous affirmer. Même si quelque chose en nous s'y refuse, nous en arrivons à faire ce que nous n'avons pas vraiment envie de faire, nous finissons par accepter des idées auxquelles nous ne croyons pas réellement, persuadés qu'il faut nous fondre dans la masse et vivre dans la norme.

Mais tous ensemble, nous vivons mélancoliquement ce regret – « J'aurais dû dire non » – et caressons le rêve secret de pouvoir dire non une fois, un jour.

Bienvenue aux individus « normaux »

Parfois, certains d'entre nous en arrivent à se demander : « Est-ce si grave ? Ce problème mérite-t-il l'aide d'un spécialiste, d'un traitement psychologique et médicamenteux ? » En d'autres termes, devons-nous nous considérer comme des handicapés, des infirmes voire des malades mentaux ?

La réponse est non, bien évidemment. La difficulté à dire non, qu'elle soit durable ou occasionnelle, ne doit pas vous empêcher de dormir. Elle n'est pas le signe d'une pathologie grave et invalidante et elle ne doit pas constituer une source de souci constant. Accepter de garder le chat du voisin si vous détestez les animaux va occasionner un certain dérangement et susciter un malaise, mais ne mettra pas votre santé mentale en péril. Parallèlement, accepter un dîner avec des amis au lieu du souper en tête-à-tête dont vous rêviez ne provoquera pas une dépression grave. Mais quand même, ça n'est pas rien et vous allez vous retrouver cafardeux et mécontent.

En effet, l'incapacité à dire non déclenche rarement des catastrophes, mais rend souvent la vie moins agréable ; c'est le grain de sable qui laisse la peau légèrement irritée. Ce phénomène constaté parmi les gens normaux comme vous et moi, qui travaillent, élèvent leurs enfants, ont une vie sociale active, vont en vacances, font du shopping, ressemble à un léger bruit dans un moteur, qui n'arrête pas la voiture, mais vous préoccupe pendant tout le voyage. Un non refoulé va rester dans votre mémoire, vous solliciter et vous troubler plus qu'il n'y paraît, plus qu'il ne faudrait. En réalité, il y a un prix à payer qui va de l'anxiété diffuse jusqu'à un certain effritement de votre bien-être.

Ainsi, de nombreuses personnes se retrouvent débordées et stressées parce qu'elles ne parviennent pas à dire non. Pour celles-ci, pas question de refuser quand on leur demande un service, même si elles sont déjà submergées de travail. Elles ne profitent pas de leur vie à force de penser en termes d'obligations ; le devoir passant toujours avant le plaisir. En outre, elles entretiennent une espèce de morale de la générosité : plus on donne, plus les autres vont nous donner. Ce qui est souvent complètement faux. La plupart du temps, les autres s'habituent à recevoir sans rien donner, la contrepartie ne vient jamais, ni la reconnaissance.

Parce que ses effets touchent tout le monde, la difficulté à dire non affecte aussi bien les différentes générations que les deux sexes, quelle que soit leur situation sociale et économique. C'est une manifestation universelle, en un sens démocratique et égalitaire, qui devrait même créer des liens de solidarité ! On la constate au café du coin, dans les salles de réunion, à la maternelle ou à l'usine, à l'opéra ou au club de tennis ; on la repère dans les petits villages de montagne, dans les banlieues, les centres-villes, sur les plages à la mode. Elle se produit entre les membres d'une même famille comme entre des étrangers. Marié ou célibataire, âgé ou jeune, issu des meilleures écoles ou autodidacte, vivant avenue Foch ou dans une HLM plus modeste, nous ressentons tous frustration et gêne à cause de ce non refoulé.

Néanmoins, les femmes connaissent et reconnaissent peut-être plus facilement ce genre de problème. Malgré l'évolution de leur statut, beaucoup de femmes sont encore élevées en référence à une image « féminine » : être au service des autres, ne pas avoir d'opinion, dissimuler ses sentiments, laisser prendre les décisions par autrui, materner tout le monde sauf soi-même. Lors d'une discussion, les femmes pensent qu'elles doivent se taire, qu'elles ne doivent pas interrompre les autres. Elles recherchent toujours le consensus ou donnent un avis qui sera évidemment celui du groupe, non parce qu'elles sont d'accord mais parce que ce n'est pas « féminin » d'usurper la parole et d'exprimer une divergence. Formées à faire passer la famille et les amis avant elles-mêmes, de nombreuses femmes nient systématiquement leurs besoins et leurs désirs.

En dépit des avancées sociales et féministes, la pression de l'entourage et des stéréotypes incite les femmes à être reconnues comme de bonnes épouses et de bonnes mères. Une épouse « idéale » est synonyme de dévouement et générosité. Parallèlement, une mère « idéale » est celle qui s'oublie tout le temps pour ses enfants et son mari. Enfin, la féminité « idéale » est toujours acquiescement, docilité, ou encore obéissance. Et même dans les institutions ou les grandes écoles où l'on forme des femmes à l'exercice du pouvoir, un vieux désir de conformité aux modèles passés, subtilement entretenu, persiste en elles.

Aujourd'hui, si de nombreuses femmes travaillent, elles sont toujours responsables de la vie familiale. Comme l'écrit la sociologue Dominique Méda : « La société ne s'est en aucune manière adaptée à la révolution de l'activité féminine : les entreprises continuent à ignorer superbement les nécessités et les rigidités de la vie familiale (les rythmes des crèches, des écoles, des repas, des bains, du coucher, du besoin de parler). » Quant aux hommes, s'ils commencent à changer, ils ne s'investissent guère dans les activités domestiques et familiales. Le temps accordé par les hommes aux travaux ménagers est éloquent : une augmentation de 11 minutes en treize ans !

Que les femmes jouent le rôle de supporter d'une équipe, en famille ou au travail, n'est pas nécessairement un mal, mais quand ces tendances se transforment en sacrifice permanent ou envahissent toutes les facettes de l'existence, alors la frustration, la souffrance s'installent et perdurent.

Il est certain que l'on se sent mieux dans sa peau quand on aide les autres, surtout si l'éducation et la société l'encouragent. Mais quand cela devient une méthode systématique qui barre toute expression, opinions et avis personnels, l'équilibre individuel s'en ressent et l'estime qu'on se porte finit par être largement entamée. Quand on s'efface continuellement devant les autres, même si parfois c'est indispensable, on perd rapidement le sens de ses propres désirs. On ne peut plus faire la part de ce qui nous appartient et de ce qui appartient aux autres. Dans le pire des cas, on en arrive à ne plus savoir qui l'on est vraiment.

Pour en finir avec ce modèle encore dominant et réducteur, pour se dégager des vieux schémas, s'autoriser à dire non (à penser, parler, agir autrement) peut représenter pour les femmes un pas sur le chemin de la liberté et du respect de soi.

Nous n'aborderons pas dans ce livre les cas où le non impossible met vraiment la vie et la santé mentale des individus en danger comme chez les drogués, les alcooliques ou chez les victimes d'abus sexuels ou de violences domestiques. Ces drames humains requièrent l'intervention de spécialistes qu'aucun livre ne pourra remplacer.

La difficulté à dire non que nous traitons ici est moins tragique, néanmoins elle doit être prise en considération en raison des perturbations et de l'inconfort qu'elle occasionne.

Comment ce livre va vous aider

Vous pensez que vous ne pourrez jamais changer et que toute votre vie, vous traînerez derrière vous vos difficultés à dire non. Nous voulons vous prouver le contraire. D'abord, nous pouvons vous dire que tout être humain possède des capacités immenses de changement et ceci pendant toute sa vie. Chacun de nous a en lui des réserves qui ne demandent qu'à être utilisées et des ressources où il peut puiser énergie et courage. Tel un fleuve qui traverse une vallée, l'être humain est constitué d'une multitude de rivières et d'affluents ; certains sont parfaitement connus et d'autres restent à découvrir. Dans l'eau dormante des potentialités humaines, il existe une richesse d'énergie qui est à votre portée. « Il y a toujours et définitivement en chaque individu un potentiel de choix et de création d'autre chose », affirme le généticien et mathématicien Albert Jacquard.

Cet ouvrage ne vous propose pas de changer instantanément de comportement, mais de passer d'un oui obligatoire et obligé à une expression plus personnelle grâce à l'utilisation conjointe du non. Si vous voulez vraiment modifier votre comportement, ce livre peut vous aider. Il va tenter d'abord d'attirer votre attention sur les types de situations où vous ne parvenez pas à dire non. Ensuite, il va vous aider à comprendre vos sentiments et vos réactions et enfin, vous permettre de vous prendre en charge pour changer.

Si, depuis des années, vous vous pliez aux volontés des autres, ou si vous avez découvert récemment que vous avez du mal à dire non, vous pourrez évoluer grâce à des méthodes dérivées des recherches en psychosociologie sur la communication humaine que nous allons vous exposer. Ces méthodes, dont l'efficacité est scientifiquement reconnue, ont des objectifs très précis : rendre compte des attitudes psychiques et comportementales qui empêchent l'individu de s'exprimer et « recadrer » l'interprétation d'une situation pour lui donner un nouveau sens. Nous les avons adaptées à vos difficultés pour vous permettre d'apprendre comment changer graduellement vos habitudes et vos styles de pensée. En adoptant ces méthodes, vous ne deviendrez pas un tyran qui dit non tout le temps, mais vous découvrirez que votre vie peut en être facilitée et simplifiée, en un mot qu'elle peut être satisfaisante.

Faites valoir vos droits

En outre, par le biais de ce non, vous serez amené à vous (re)découvrir. Au fur et à mesure que nous connaissons mieux nos besoins et que nous pouvons les faire reconnaître par autrui, notre identité s'affirme. Comprendre ce que nous ne voulons pas est le premier jalon pour obtenir ce que nous désirons. Face à des situations qui ne nous semblent pas claires, qui nous échappent, nous intimident, face à des décisions qui nous laissent insatisfaits ou mal à l'aise, un non aura un effet bénéfique. Chaque fois que nous avons le sentiment de nous sacrifier pour les autres et que ce n'est pas justifié, voilà une bonne occasion de dire non. Lorsque nous agissons passivement ou contre notre volonté afin d'éviter de heurter quelqu'un, voilà encore une bonne occasion de dire non.

Prenons comme exemple la vie professionnelle (bien que n'importe quelle autre situation puisse servir à cette analyse). Quand un de vos collègues, lors de la pause café, vient vers vous avec un grand sourire pour vous demander d'être sympa et de terminer un travail qui aurait dû être fait par quelqu'un d'autre, vous ne devez pas hésiter à lui dire non, quitte à ce qu'il ait une mauvaise opinion de vous. Chaque fois que l'on vous presse de faire une chose contraire à vos principes ou qui n'est pas de votre ressort, il est tout à fait approprié de dire non. De même, quand on vous demande de résoudre des problèmes qui ne vous concernent pas, quand on vous donne un travail que vous n'êtes pas habilité à réaliser, il ne faut pas hésiter à dire non. Et si ce que l'on exige de vous est incompréhensible ou peut vous faire perdre votre temps et peut-être celui des autres, là encore la seule réponse est non.

Vous serez surpris des réactions des autres, différentes de celles auxquelles vous vous attendez. Dans un cabinet d'avocat, un jeune stagiaire se sentait quasiment persécuté par son chef quand il lui présentait un dossier qu'il avait préparé. Les remarques acerbes fusaient, il se faisait traiter d'imbécile, d'incapable, de minable, ce qui le bouleversait. Après avoir discuté de ce problème avec des amis, il prit la décision de s'exprimer. À l'occasion d'une nouvelle série d'observations très désagréables, il répondit à son chef qu'il comprenait qu'il lui fît remarquer ses erreurs mais qu'il se sentait troublé, humilié par ses commentaires blessants qui ne l'aidaient pas à progresser. Le chef parut stupéfait mais ne dit mot. Depuis lors, il ne lui fit plus jamais de réflexions désobligeantes et injustes.

Le bon et le mauvais non

Un non utilisé à bon escient donne le sentiment d'exister et permet de meilleures relations dans un contexte d'efficacité plus grande. Ce non, vous devez l'énoncer clairement, calmement, avec fermeté (puisque vous serez alors intimement convaincu de devoir refuser) mais sans agressivité. Voilà le « bon » non. Nous y reviendrons dans le chapitre VI.

En revanche, un « mauvais » non, exprimé systématiquement et agressivement, produit exactement l'effet inverse. C'est le non obstiné, brutal, qui ne tient compte d'aucune situation et qui est sous-tendu par la certitude d'avoir toujours raison. Le non méfiant qui découle d'une analyse erronée, par exemple la peur de se faire avoir, qu'on profite de vous. Le non inadapté qui rejette quelqu'un ayant de véritables problèmes. Le non inutile qui vous fait dépenser de l'énergie pour rien et peut entraîner des conflits. Le non faible, confus, qui est une faille dans laquelle l'autre va s'engouffrer. Le non anxieux des individus terrifiés devant le moindre changement dans leur vie. Le non désabusé des personnes qui ne veulent ou ne peuvent plus faire de projets. Le non irresponsable, absurde, qui consiste à refuser la loi parce qu'elle est la loi ; tels ces jeunes Espagnols qui « s'amusent » à prendre de nuit le périphérique en sens contraire. Le non à l'inconnu qui s'incarne, pour certaines personnes, dans un rejet borné des étrangers. Dans tous les cas, c'est un non qui empêche toute discussion ou toute réflexion.

Revenons à notre situation de bureau. Lorsqu'un de vos collègues a du mal à assumer sa part de travail en raison de circonstances exceptionnelles (un divorce, une maladie ou un deuil), il est bon alors d'intervenir et de l'aider avec compréhension et compassion. Lui répondre non s'il vous demande de l'aide serait tout à fait inadapté. De même, un collègue plus jeune qui souhaite avoir votre avis ou qui voudrait profiter de votre expérience n'abuse pas de votre temps. Il est préférable de l'écouter avec sympathie et de lui donner quelques conseils plutôt que de le repousser et de passer fort justement pour quelqu'un d'inamical et d'incompréhensif. Rien à voir avec la personne qui vous demande sans arrêt de l'aider parce qu'elle est mal organisée ou qu'elle pense à autre chose.

De la même façon, dans la vie quotidienne, si un automobiliste vous « pique » votre place de parking, si votre fils préfère le Mac Do à vos bons petits plats, si quelqu'un vous bouscule dans le métro, ne vous dites pas automatiquement : « Non, je ne me laisserai pas faire ». Ça n'en vaut pas la peine. Conservez votre énergie pour des tâches et des situations plus essentielles.

Paradoxalement, savoir dire non facilite et favorise les relations. Un bon non possède toute la convivialité du monde. Il ouvre le dialogue et permet une communication authentique où vous pouvez faire accepter votre différence, votre individualité. Ainsi, en étant sincère, en étant vous-même, vous pourrez poser vos limites face aux autres – une manière de vous faire respecter. Petit à petit, vous réaliserez que si vous écoutez et prenez vos désirs au sérieux, les autres en feront autant. La sincérité vis-à-vis de soi, l'intention de communiquer le vrai en soi, de le faire accepter implique aussi le respect de l'autre ; si vous pensez que vous existez avec vos propres exigences, vous devez penser que l'autre existe également avec les siennes et par là, vous parviendrez à mieux le comprendre. C'est un véritable échange qui va avoir lieu avec des contradictions possibles mais aussi des accords possibles.

Un non sans agressivité mais ferme permet de communiquer plus franchement, plus honnêtement. C'est un non qui a un effet positif, qui fait avancer les choses. C'est un non actif, mature, un non qui permet de prendre un rôle plus dynamique et plus gratifiant dans notre vie et dans le monde.

Et pensez-y ; si Ève avait pu dire non au serpent, plus de péché originel, plus de malédiction divine, plus de misère humaine !

II

Pourquoi est-il si difficile de dire non ?

Est-ce si difficile de dire non ? De prononcer ces trois lettres qui constituent un si petit mot où les consonnes dentales cernent la voyelle O dont Rimbaud convoque la poésie :

Ô, suprême clairon plein des strideurs étranges,
Silences traversés des Mondes et des Anges :
– Ô l'Oméga, rayon violet de ses Yeux !

Non qui de surcroît forme un palindrome : à l'endroit comme à l'envers, il reste le même.

Moins difficile de dire oui ? Plus d'un le prétend. À entendre l'adage « Qui ne dit mot consent », on le croirait volontiers : pour dire non, il faut l'énoncer clairement voire fermement. Presque une fanfaronnade ! Certes pas, puisque pour l'exprimer, il faut non seulement le penser mais l'oser… et on n'ose pas. Ce serait révéler le négatif en soi, poser ses limites mais également extérioriser ce qui peut être perçu comme une contestation. Or la société exècre ce type de manifestations et ne les facilite guère.

La société et l'éducation ne favorisent pas l'usage du non

La plupart du temps, il est demandé aux individus d'assumer des règles, des interdits, de se plier à un ordre normalisateur et étouffant. Le non fait désordre, rompt des équilibres, empêche de tourner en rond. « La politesse, cher enfant, consiste à paraître s'oublier pour les autres » écrit Balzac. Le oui est au service de la politesse, de l'obéissance, du respect, pas le non. L'éducation tend, de manière plus ou moins autoritaire, plus ou moins subtile, à faire de ces valeurs des modèles dominants et rejette ce qui pourrait ressembler de près ou de loin à l'irrespect, à l'opposition. Elle nous enseigne à refréner nos tendances naturelles, nous engage à les transformer, à les déplacer, à les différer. Elle ne développe pratiquement jamais l'esprit critique. On nous enfonce des idées dans la tête ; à nous de nous débrouiller ensuite avec... Avec quels outils ? Quel programme scolaire nous enseigne à réfléchir – excepté en classe de philosophie, mais c'est un peu tard – et à comparer, à juger, éventuellement à remettre en question les différents sujets abordés ?

La pédagogue Stella Baruk rapporte cette anecdote authentique et exemplaire : en 1980, un membre d'une équipe de professeurs de l'Institut de recherche sur l'enseignement des mathématiques propose à des écoliers de CE1 et CE2 ce problème : « Sur un bateau, il y a 26 moutons et 10 chèvres. Quel est l'âge du capitaine ? » Sur 97 enfants interrogés, 76 ont répondu en additionnant 26 (moutons) et 10 (chèvres) ! On ignore ce que les autres ont pu écrire, mais en tout cas une majorité écrasante d'enfants n'a pas pu dire : « Non, cette question est absurde. »

L'éducation rend plutôt passif et produit des individus bien disciplinés et soumis. Il est difficile d'aller à l'encontre de ces normes qui modifient implicitement mais sûrement nos comportements et nous façonnent un prêt-à-répondre, un prêt-à-penser. L'individu en arrive à intégrer la certitude qu'il doit être complaisant, qu'il doit céder devant la loi extérieure afin de faciliter les rapports sociaux et de réduire les tensions. Et nous finissons par refuser de refuser, par oublier de refuser. Le poids de cette censure collective, sans oublier la culpabilité judéo-chrétienne, reste prégnant toute notre vie.

C'est ainsi que nous n'assumons pas nos désirs et que nous prenons l'habitude de nier nos propres besoins. Il faut être conforme. Le consensus social l'exige, toute éducation y prépare et l'encourage. En approuvant le point de vue dominant, nous renforçons notre appartenance au groupe, nous affirmons que nous faisons partie du même club, que nous sommes membres de l'équipe gagnante. Nous montrons aux autres que nous les aimons vraiment, que nous faisons les mêmes choses, allons voir les mêmes films, achetons les mêmes tennis, bref que nous pensons et agissons exactement comme eux. Le succès actuel et international du « politiquement correct » ou de la « Macdonaldisation » le démontre suffisamment.

Ce qu'on ressent en disant non

Il est d'autant plus malaisé de dire non, qu'en face, un autre nous sollicite. Oser lui dire non, c'est sortir d'un moule commun, confortable et rassurant, en introduisant un espace dans la relation. En effet, si le oui rapproche, le non sépare. Il ne s'agit pourtant pas d'une mise à distance, ni de se tenir sur ses gardes, mais de se différencier, de s'affirmer comme individu désirant et autonome. Où est le mal ? Pourquoi cette impossibilité à dire non est-elle ressentie par de si nombreuses personnes ? Il faut tenter d'analyser le scénario qui se déroule alors dans nos têtes et qui comporte plusieurs phases.

Tout d'abord, un premier barrage : « Je n'ai pas le droit » ou encore « Ça ne se fait pas », discours qui sonne comme un reflet de l'éducation. Il faut être poli, c'est ce qu'on nous a appris. Ajoutons-y la lassitude que nous éprouvons parfois, lorsque l'autre insiste lourdement, à la seule idée d'argumenter un refus et de s'y maintenir. Dans son journal, Jules Renard parle du « fatigant supplice de dire non pendant une heure à un monsieur qui veut vous faire dire oui ». En l'occurrence, un oui est moins éprouvant : pas besoin de se justifier et d'expliquer. Un tel oui peut même virer à la manipulation : « On va me laisser en paix, me trouver gentil et peu importe que je tienne ma promesse, on verra plus tard ! »

Un jour, le comédien Lucien Guitry, pour se débarrasser d'un fâcheux, accepte de guerre lasse son invitation à déjeuner. L'importun une fois parti, il crie à son secrétaire : « Faites-moi penser à écrire à ce vieux c... que je n'irai pas déjeuner chez lui jeudi. » C'est alors que son miroir lui renvoie le reflet du fâcheux, revenu chercher son parapluie. Sans ambages, il ajoute : « Parce que, jeudi, je déjeune avec Monsieur ». Qui peut se vanter d'avoir un tel esprit d'à-propos !

Ensuite, à la certitude de créer un différend s'associe la peur de blesser l'autre. « Si je dis non, elle va sûrement s'effondrer. » Autour de nous les exemples abondent d'amis, de parents, d'enfants que le moindre non met au bord des larmes. Peiner autrui en connaissance de cause n'est pas facilement gérable. Les retombées en sont parfois paradoxales : qui a dit non finit par dire oui, plutôt deux fois qu'une, après avoir constaté la souffrance de son interlocuteur. Les retrouvailles amoureuses ne sont souvent pas autre chose. La responsabilité de faire mal à l'autre est trop grande et nous risquons d'être rongés par la culpabilité.

Pire encore, la peur de passer pour un individu agressif et de susciter la colère d'autrui et nous voilà durablement coincés. « Si je dis non, il va hurler sans cesse. » L'expérience nous a prouvé que les relations individuelles consensuelles sont toujours plus faciles à vivre, moins compliquées et qu'au moindre désaccord, ça peut dégénérer. Si dire non revient quasiment à déclencher un conflit, l'autre, attaqué, va déterrer la hache de guerre ; il faudra bien qu'il se défende puisque nous sommes, en notre for intérieur, persuadés d'être l'agresseur. Il est préférable de rester tranquille plutôt que de risquer d'engendrer un processus qui se retournera contre nous et pourrait même nous détruire.

Un pas de plus et surgit la peur d'être critiqué. En vertu de la loi du talion, qui critique s'expose à l'être. « Si je dis non, il va penser que je suis complètement idiot. » En voilà une situation inconfortable et désagréable. Nous allons devoir nous défendre alors que nous sommes convaincus d'avoir raison. Nous risquons d'être remis en cause, raillés, humiliés. Rien n'est pire que d'être pris pour un imbécile.

Poursuivons ce raisonnement : l'autre, excédé, va probablement nous rejeter, nous mettre hors circuit, renonçant à côtoyer un individu aussi peu fréquentable, en un mot un mauvais coucheur. Il ne va plus nous aimer. Cette peur d'être blessant, de casser toute relation, d'être jugé, attaqué, puni, nous amène à nous juger, en dernière instance, comme excessivement méchant et égoïste. « J'ai tort de dire non, il avait raison. Pourquoi suis-je si mauvais ? » La culpabilité pointe son nez et nous amène à nous évaluer à la mesure de la sévérité attribuée à autrui. Le désir de plaire et de donner une bonne image de soi est plus fort que tout. En nous montrant aimables, nous sommes certains de conserver l'amour, l'affection des autres.

Une fois brossé cet autoportrait, il est bien difficile d'y échapper. Qui ne se reconnaîtrait en lui ? Reste à s'excuser, à faire marche arrière ou mieux encore pour sortir de ce dilemme, choisir et décider de ne jamais dire non.

Dernières précisions : l'impossibilité à dire non renvoie paradoxalement au désir inconscient de satisfaire un sentiment de toute-puissance : « Moi, je peux répondre à toutes les demandes. Moi, je peux résoudre toutes les misères humaines. » Or, dire non, c'est accepter de renoncer à l'omnipotence infantile et de montrer ses propres limites. En disant toujours oui, on affirme qu'on peut tout assumer et on flatte son ego qui, au fond, se sent indispensable et unique. Ou bien encore, c'est une manière de respecter certaines règles morales impératives : « Je dois être parfait, je dois être le meilleur. » Dire non, c'est alors déroger à ces croyances profondément ancrées en nous depuis belle lurette. Nous y reviendrons dans le chapitre V.

Enfin, il y a les « boulimiques » de la vie, ceux qui disent oui à tout par peur de rater quelque chose d'important. Le choix qu'implique le non est impossible, le moindre refus laissant de côté des opportunités alléchantes. Ils ne peuvent se résoudre à négliger une occasion et à manquer ce qu'ils considèrent comme la bonne affaire du moment.

Pourquoi a-t-on des difficultés à dire non ?

- Politesse
- Se simplifier la vie
- Peur de blesser l'autre
- Peur de le mettre en colère
- Peur de passer pour un individu agressif
- Peur d'être critiqué
- Peur d'être rejeté
- Peur de donner une mauvaise image de soi
- Peur de ne plus être aimé
- Culpabilité
- Sentiment de toute-puissance
- Respect d'exigences personnelles rigides
- Peur de rater une opportunité

Faisons une pause et rêvons un instant. Installé confortablement dans un compartiment de train à demi vide, vous vous apprêtez à savourer votre voyage en solitaire sur une banquette inoccupée. C'est alors qu'une femme et son bébé viennent se placer juste en face de vous. Tempête sous un crâne, le vôtre : « Mon voyage qui s'annonçait si tranquille est irrémédiablement gâché ; ce bébé va hurler en permanence, sa mère va sûrement me demander de le surveiller si elle s'absente et... » Chapelets de jurons (censurés). « Si je lui propose de s'asseoir ailleurs, elle va m'injurier, il va falloir que je me justifie ; elle va m'en vouloir, je vais passer à ses yeux pour un sale type ; quelle horreur ! » Dernier épisode, « Au fond, ce bébé est charmant ; je suis ignoble, c'est honteux de détester les enfants... cette femme est seule, je peux lui être utile, si elle a besoin de moi ce ne peut être pour longtemps ; si le bébé crie, elle va sûrement être gênée. Décidément, je ne dois pas être aussi insensible, aussi individualiste, etc. » Conséquence, vous voilà troublé, culpabilisé, inquiet, en un mot mal à l'aise pendant tout le trajet.

Comment ce feuilleton catastrophique s'élabore-t-il ? Nous avons évoqué plus haut le poids des contraintes et des interdits sociaux, mais il est insuffisant à lui seul à éclairer un si grand embarras. Cette fabrication romanesque paraît s'autogénérer, à peine nourrie par quelques récits saisis au vol ou par nos propres expériences « malheureuses » du côté du non. Son déroulement est peu conscient, quelques bribes, des impressions diffuses, une vague crainte, la certitude qu'un oui est plus commode. Néanmoins, il se conclut invariablement par la même réaction : l'immobilisme. On pourrait imaginer que la dynamique de ce phénomène provient d'une empreinte ancienne qui fonctionne presque à notre insu, quasi automatiquement, tel un réflexe conditionné. Qui parle ainsi en nous ? Qui nous oblige à agir contre notre volonté, à l'inverse de nos envies et de nos intérêts ?

L'enfant qui persiste en nous

Nous avons tous connu (et oublié) une période au cours de laquelle nous pouvions dire non ouvertement. « Justine, veux-tu aller me chercher mon livre ? » « Non ! » « Justine, il est temps d'aller te coucher. » « Non ! » « Justine, bois ton chocolat. » « Non. » Etc.

C'est ce qu'on appelle classiquement la crise d'indépendance ou encore d'opposition, qui se situe entre 2 et 3 ans et où il semble que l'enfant prenne plaisir à contrarier systématiquement l'adulte. L'enfant devient difficile, entêté, opposé, il se met à faire le contraire de ce qu'on lui demande, se plaisant à narguer son entourage. Comme l'adulte qui lui dit non en toute occasion : « Non, tu ne peux pas manger ça. Non, il faut que tu ailles au lit. Non, il faut que tu te laves la figure », l'enfant à son tour dit non à l'adulte.

Le clin d'œil espiègle du livre *Petit ours brun dit non* offre un échantillon particulièrement fidèle de ce style de conduite : « Il faut ranger dit maman. – Non, je n'ai pas fini, répond l'ourson. – Viens te laver les mains. – Non, elles ne sont pas sales, mes mains. – Va chercher ton manteau. – Non, pas mon manteau, il n'est pas joli. – Viens mettre tes chaussures. – Non, pas mes chaussures, mes bottes. » Sur la dernière image, Petit Ours Brun est assis sur les genoux de sa maman : « Tu ne veux pas dire oui ? lui demande-t-elle. – Non, non et non. »

L'élément dominant de cette crise paraît être la volonté d'agir seul et de décider par soi-même. Il semble bien que les suggestions de l'adulte ou sa résistance aux désirs de l'enfant provoquent principalement les scènes. À moins que la maladresse de l'enfant, agissant seul, ne déclenche des réactions inopportunes de la part de l'adulte ou encore ses interventions dévalorisantes.

Ce désir de faire seul, de contester s'inscrit dans la perspective de la découverte du moi. Son individualité naissante pousse l'enfant à tester ses propres limites et celles des autres. Ainsi, il se pose en s'opposant, dit non pour s'affirmer. C'est une étape fondamentale dans la constitution du sujet. Jusque-là, l'enfant se différenciait peu de sa mère. Dire non est une façon pour lui de déclarer : « Moi, je ne suis pas toi. » Il prouve ainsi qu'il existe comme sujet désirant avec des objectifs, des pensées, des jugements bien à lui. Il aspire à être regardé autrement par ses parents. Le temps du gentil poupon n'est plus, celui de l'émancipation est en route.

Les parents devraient s'en féliciter et favoriser ces comportements autonomes, ce qu'ils sont en général bien loin de faire. Ils ne comprennent pas ce qui se passe, vivent souvent très mal cette nouvelle attitude. Il est vrai que la petite Justine qui répète « non » quarante fois par jour met les nerfs de ses proches à rude épreuve.

Dernièrement est parue une brochure pour apprendre à dire non avec un avertissement : « Ce livre pour dire non n'est pas contre les adultes. Ce n'est pas un petit guide pour devenir un tyran. – Dommage, répond l'enfant. – Ils feraient mieux de faire des livres pour dire oui, rétorque l'adulte. » Néanmoins, c'est à travers ce noyau de résistance que l'enfant peut s'acheminer vers l'autonomie et la confiance en soi, qu'il va forger les potentialités sécurisantes qui lui permettront de se détacher de l'anxiété primitive, en étant moins dépendant de ses parents pour satisfaire ses besoins élémentaires.

Enfant agressif, enfant coupable ?

Cette période de crise est liée aux transformations du comportement enfantin qui évolue vers une plus grande liberté grâce aux progrès de la marche et de la manipulation des objets. Justine court, circule aisément dans la maison qu'elle explore avec bonheur ; elle peut ouvrir une boîte, tenir sa fourchette, commencer à s'habiller seule. L'activité est maintenant mieux maîtrisée, orientée vers un but auquel l'enfant accorde un sens personnel, ce que l'adulte ne prend pas en compte, intervenant continuellement et dérangeant l'enfant qu'il interrompt dans ses réalisations, dans ses « œuvres ». Quand on demande à Justine, plongée dans son coloriage, de venir se laver les mains pour aller déjeuner, elle répondra presque invariablement : « Non, moi veux dessiner. » Et presque invariablement, les parents vont insister, voire la gronder si elle résiste, au lieu de lui dire tout simplement : « Tu peux finir ton dessin et venir à table dans dix minutes », adoptant alors une attitude à la fois ferme et compréhensive qui dénoue bien des conflits.

Dans le cas qui nous intéresse, Justine va se sentir frustrée, incomprise, malheureuse mais elle va également éprouver des sentiments d'agressivité à l'égard de l'adulte. Attardons-nous un instant sur la nature de l'agressivité à cette époque du développement, encore désignée par Freud sous le terme de phase anale, celle où l'enfant est confronté à l'apprentissage de la propreté sphinctérienne. Dorénavant, et contrairement à ce qui se passait antérieurement, la mère encourage fortement l'enfant à « être propre » au moment où elle le décide.

L'intérêt maternel pour la fonction intestinale suscite en retour un intérêt semblable de la part de l'enfant, auquel s'ajoute un plaisir à retenir ou à expulser, à donner ou à refuser de donner ses matières fécales. Celles-ci, considérées par l'enfant comme sa propriété personnelle d'une grande valeur, acquièrent une importance considérable dans ses rapports affectifs avec sa mère. Elles deviennent l'équivalent fantasmatique d'un cadeau qu'il fait… ou ne fait pas, expérimentant ici une autonomie et un pouvoir nouveaux. Aller à la selle quand on le lui demande devient une sorte de récompense, une marque d'amour vis-à-vis de l'adulte qui le sollicite et qui, en retour, le récompense.

En revanche, quand l'enfant désobéit en refusant d'émettre ses excréments au moment où on l'exige, il manifeste une agressivité d'un type particulier qui correspond à un désir de dominer l'autre, une sorte d'emprise qui s'exprime à travers ce « Non, tu n'auras pas ce que tu veux de moi, qui est à moi ». Ou encore : « Je fais ce que je veux de toi, je te domine et tu ne peux m'en empêcher. » Alors, quelle issue pour l'enfant, esclave par amour pour l'autre et en même temps rebelle pour signifier sa volonté et son autonomie naissante, en conflit avec lui-même et avec autrui ?

Tout dépend de l'attitude de l'entourage. Dans le meilleur des cas, si l'éducation sphinctérienne est souple, progressive, adaptée aux rythmes et aux besoins de l'enfant, l'acquisition de la propreté se passera sans heurts, dans une atmosphère paisible et un climat de confiance réciproque. L'enfant arrivera ainsi à résoudre ses conflits entre ses désirs contradictoires et les interdictions de sa mère et à admettre un certain degré d'ambivalence. Et il pourra être lui-même tout en respectant l'autre, acceptant d'être différent, de le dire, notamment par l'intermédiaire du non, sans pour autant craindre de blesser l'autre ou de le perdre.

Mais quand les exigences de l'entourage concernant la propreté sont excessives – les parents croyant bien faire en dressant leur enfant à être propre trop précocement – celle-ci peut devenir un enjeu de pouvoir, particulièrement entre la mère et l'enfant, ce qui entraîne souvent des moments difficiles entre eux, la volonté de l'une se heurtant souvent à une volonté contraire de l'autre. Dans cette atmosphère de tension, l'enfant dont le Moi est encore trop faible pour supporter les angoisses liées à ces conflits, va devoir se soumettre aux desiderata de l'adulte. Il renoncera trop tôt, trop vite à ce plaisir agressif qu'il va bientôt ressentir comme honteux. On reproche à Justine d'être sale, d'être un bébé dégoûtant. La passivité et la soumission prendront le pas sur l'agressivité inhibée, réprimée, parfois retournée contre soi. C'est-à-dire, dans la perspective qui nous occupe, qu'on s'interdira de dire non à autrui, mais on se dira non à soi-même, à ses désirs, à ses besoins. On en arrivera à se contrôler trop excessivement et à ne plus vouloir ni pouvoir contrôler l'autre à travers un refus.

L'adulte peut encore renforcer la culpabilité de l'enfant en exerçant un véritable chantage à l'amour. Au « Non, je ne veux pas » va s'opposer invariablement un « Puisque tu n'es pas gentil, Maman ou Papa ne t'aime plus ». Quelle horreur ! Ainsi, à l'enfant qui ne se soumet pas, qui manifeste une volonté propre, l'adulte va signifier sa désapprobation en lui déclarant qu'il ne peut plus continuer à l'aimer. L'enfant dont la maturité psychoaffective est insuffisante, qui doute de ses capacités à être aimable et aimé, va prendre au pied de la lettre cette menace. Pas de plus grand châtiment pour un enfant que de perdre l'amour de ses parents, cet univers de câlins douillets, cette totalité que sa famille représente pour lui. Au désespoir d'être abandonné s'ajoute le traumatisme d'être responsable de cette situation. « J'ai fait bobo à Maman », s'exclamera Justine.

Par extension, l'enfant va amalgamer le non avec la perte d'amour, la culpabilité et éprouvera par la suite beaucoup de mal à les dissocier. Devenu adulte, il revivra inconsciemment ce sentiment, cette angoisse d'être abandonné, de ne pas être aimé s'il exprime une quelconque opposition sous la forme banale du non, assimilée alors à une manifestation d'agressivité. Justine est une femme maintenant, mais le petit enfant qui risque de perdre l'amour de ses parents, est toujours là en sourdine, tapi en elle. Par conséquent, se poser comme individu indépendant, comme sujet à part entière peut générer un conflit intérieur chez l'enfant et susciter dans l'avenir une peur fortement culpabilisée de dire non. De fil en aiguille, dans une situation semblable, il reproduira les mêmes schèmes. Ainsi, le couple opposition-autonomie s'enchaîne souvent au couple culpabilité-angoisse et fonctionne comme tel pendant toute l'existence dans une sorte de fatalité irréductible.

Comment la période d'opposition se résout-elle ?

Revenons un temps à notre diable d'enfant, notre Justine qui se sent rejetée par son entourage, blâmée, condamnée, délaissée, meurtrie. Comment se sortir de ce mauvais pas, comment réagir à cette situation menaçante ? Son besoin d'être acceptée par ses proches, de conserver l'amour protecteur et sécurisant qu'ils lui dispensent est tel qu'il va peu à peu l'orienter vers des positions plus rassurantes et conformistes. Peu à peu, Justine proposera elle-même d'aller au lit, trouvera bon ce qu'on lui offre à manger, voudra bien dire merci et bonjour.

Désormais, la préoccupation majeure de l'enfant sera de « faire bien et comme il faut » et d'épouser la vision de l'univers propre à ses géniteurs. L'enfant va s'identifier au désir de l'autre, c'est-à-dire devenir un enfant idéal, sage, propre, obéissant et va ainsi se transformer en intériorisant les interdits, notamment celui de dire non.

À une relation d'opposition va succéder une relation en miroir, l'enfant reflétant la volonté de l'adulte. Les parents vont devenir le modèle selon lequel on se règle, dont on fait siennes les exigences et les attitudes. D'autant plus facilement que l'enfant n'a pas autour de lui beaucoup d'autres modèles et, qu'en outre, il a tendance à idéaliser l'adulte, à lui attribuer une toute-puissance magique. À cet âge, le « Mon petit doigt m'a dit » fonctionne bien ! Aimez-moi, semble clamer Justine, je suis si gentille, je suis comme vous et comme vous voulez que je sois. Ce qu'elle formule à travers la phrase magique : « Papa sait tout », en aidant à mettre le couvert.

Grâce à cette métamorphose, l'enfant supprimera le conflit intolérable en imitant ses parents, au moins en partie. Cette imitation apparente, visible, va s'accompagner de la constitution d'une image interne correspondante, une sorte d'image idéale doublée d'une première ébauche de conscience morale. Mais une conscience morale un peu primaire, sans grandes nuances, qui fonctionne en « tout ou rien », en noir et blanc, ce qui est complètement bon d'un côté, ce qui est complètement mauvais de l'autre.

Le consentement et l'amour

Se sentir accepté, pour l'enfant, c'est avant tout se sentir aimé. Il est bien question ici d'amour, de prouver qu'on aime et de vouloir que l'autre vous aime, en somme de séduire par l'acte même de la soumission. Bien que cela puisse paraître simpliste, pour l'enfant, être en accord avec le monde, faire un avec le monde, c'est pour lui se sentir apprécié. Afin d'être certain d'être aimé, l'enfant adopte une attitude de docilité séductrice qui devient un instrument pour conquérir les cœurs, pour plaire, pour être admiré. Il se jette à votre cou, vous embrasse passionnément, vous apporte votre stylo, vos cigarettes, vous offre des dessins de la famille, de la maison.

Cette intégration de la douceur et de l'obéissance présage dans une large mesure des attitudes qu'ultérieurement l'enfant adoptera à l'égard des autres pour être aimé et continuer à l'être. Prototype des relations amoureuses, au moins à leur début, où personne ne contrarie personne, où tant de points communs surgissent comme par miracle (même si après cela se gâte !).

Mais aussi, prototype du personnage adapté aux exigences de la réalité sociale et familiale qui joue un rôle – volontairement ou involontairement – pourvu qu'il y trouve des bénéfices. Personnage qui, jusqu'à un certain point, incarne ce que l'on doit être ou paraître ou encore ce que l'on veut être. Personnage travesti qui masque à autrui voire à lui-même sa vérité. Personnage-refuge derrière lequel on disparaît pour éviter l'angoisse. Tout ce qui va se mettre en place et s'exacerber pendant l'adolescence. Mais ceci est une autre histoire.

On ne manquera pas d'objecter à cette démonstration que la petite Justine est loin de posséder une telle subtilité d'analyse (en l'occurrence, il s'agit plutôt ici d'intuition : elle perçoit immédiatement le mécontentement de sa mère avant même que celle-ci n'ait dit un mot) et que, d'ailleurs, aucun adulte ne se rappelle avoir fait semblable raisonnement à cet âge. Aussi convient-il de signaler que tout ceci se passe à un niveau infraconscient et que les souvenirs s'estompent progressivement pour s'effacer manifestement après cinq ans. Phénomène d'oubli que chacun peut constater en soi : qui se souvient de ses cinq premières années ? C'est ce qu'on nomme l'amnésie infantile, dont nous pouvons également vérifier l'existence chez nos propres enfants.

Mais la mémoire de ce passé n'a pas disparu pour autant ; elle continue à exister, refoulée dans les profondeurs de l'inconscient d'où elle exerce son action souterraine. Ainsi, ce petit enfant qui persiste en nous est-il pris dans un conflit intérieur entre celui qui voulait dire non et celui qui ne le veut pas. Cette lutte inconsciente est probablement à l'origine de toutes nos difficultés à aborder le non et à les résoudre.

Le témoignage des contes de fées

Certains contes de fées, parmi les plus populaires, et que les enfants connaissent bien, illustrent, entre autres, le danger qu'il y a à dire non. Refuser ce qui lui est demandé, dire non, équivaut souvent pour l'enfant à désobéir et à transgresser un interdit. C'est un comportement risqué qui peut avoir des conséquences fâcheuses. À la mesure de cette particularité de la mentalité enfantine, les contes de fées vont mettre en scène des personnages qui rencontrent les pires difficultés après avoir désobéi et s'êtres écartés du droit chemin.

L'épouse de Barbe-Bleue pénètre, malgré l'interdiction de son mari, dans une pièce où elle découvre un spectacle abominable, les corps égorgés et couverts de sang de ses femmes précédentes. De plus, elle manque à son tour d'être tuée par son époux dont elle a percé le secret. Peau d'âne, qui refuse d'épouser son père, doit fuir le palais et son existence dorée pour une pauvre vie de souillon, méprisée de tous. La Belle au bois dormant touche le fuseau interdit, se pique le doigt et s'endort pendant cent ans. Le Petit Chaperon rouge, désobéissant à sa mère, flâne dans la forêt, ce qui permet au loup de se rendre chez la grand-mère, de la manger, de prendre sa place dans le lit et de dévorer notre héroïne. Pinocchio, suggestible et trop curieux, s'oppose aux conseils de son père Gepetto, se laisse entraîner sur la mauvaise voie par une bande de scélérats et se retrouve englouti dans le ventre de la baleine. La Petite Sirène renonce à son destin et décide, au prix de souffrances atroces, de devenir une véritable femme par amour pour un prince qui n'en a que faire et en épouse une autre : elle en mourra. En général, les contes de fées se terminent mieux. Si terrifiants que puissent être certains épisodes et même si le mal l'emporte momentanément, les héros finissent toujours par s'en sortir. En effet, une des principales fonctions des contes de fées est d'informer des épreuves à venir, des efforts à accomplir et de donner des avertissements, mais pas de désespérer l'enfant.

Mais – ce qui complique singulièrement le tableau – il existe d'autres contes de fées, et non des moindres, qui évoquent exactement le contraire de ceux dont nous venons de parler, à savoir ne pas pouvoir dire non. Ils mettent en scène le cortège de difficultés et de dangers qui résultent de cette incapacité à s'opposer à l'autre. Blanche-Neige, qui ne peut pas repousser la sorcière, va manger la pomme et mourir. Cendrillon, qui n'ose pas contredire sa belle-mère ni ses sœurs, mène une vie triste et misérable. On croirait volontiers que ces contes recommandent de dire non. Comment l'enfant peut-il comprendre et intégrer cette apparente contradiction ?

L'apprentissage du non est complexe

Les contes de fées, que les enfants continuent à lire et à relire avec passion, abordent sans doute le problème du non à leur manière. Peut-être est-ce une façon détournée de suggérer la complexité voire le paradoxe qu'introduit ce nouveau mode de communication dans la vie et les relations de l'enfant. Dire non verbalement inaugure un style d'échange totalement original : l'enfant va s'exprimer à l'aide d'un mot et plus par l'intermédiaire de son corps, même s'il y a encore des ratés. Ce qui équivaut à remplacer un comportement ou un geste de rejet par un non qui les symbolise.

Auparavant, pour marquer un déplaisir (et par là même un refus), l'enfant communiquait uniquement à travers des actes, des cris, exprimant indistinctement aussi bien la colère que la souffrance, la peur, la faim, etc. Même si la mère ou son substitut comprenaient « à demi-mot », l'appel lancé ainsi manquait de précision. Maintenant que la tête prend le pas sur le muscle, la dépense d'énergie réalisée est moins importante et, parallèlement, la précision et l'efficacité de l'expression plus grandes. Ce progrès, que permet la conquête du langage, signe la participation de l'enfant à la collectivité humaine. Cet accès au symbolisme verbal est une conduite spécifiquement humaine. Substituer la parole à un acte parfois violent est une production qui distingue l'homme de l'animal. C'est un moment clé dans le développement qui marque l'instauration des premières et véritables relations sociales.

Mais en même temps qu'il entre dans sa communauté symbolique et sociale, l'enfant commence à se détacher de ce qui compte le plus pour lui, sa mère, sa famille. Le non, à l'inverse des autres mots que l'enfant peut acquérir et utiliser à cet âge, est un mot qui sépare, même momentanément, qui implique une amorce de jugement, qui marque une distance à l'égard d'autrui. « Je ne suis pas d'accord avec ce que tu veux, ce que tu dis. » L'enfant devient comme ses parents, c'est-à-dire un être de parole, et à la fois, il se déclare différent, c'est-à-dire lui-même en tant qu'individu autonome. À partir du moment où il peut dire qu'il ne veut pas faire telle ou telle chose, agir comme on le lui demande, manger tel aliment, il commence à maîtriser le monde extérieur.

Mais, en tentant de se libérer de sa dépendance, il exprime une opposition, une agression et il va se heurter invariablement à d'autres volontés, celles de ses parents notamment. Tout cela ne va pas se passer sans conflits, aussi bien vis-à-vis de lui-même que de sa famille, pas sans souffrance ni frustrations. Par les restrictions que vont lui imposer les adultes, il va être confronté aux limites de sa volonté et va devoir prendre en considération la volonté de l'autre et prendre conscience de la réalité qui s'oppose à ses désirs. C'est un chemin semé d'embûches. Mais il faut passer par là pour devenir soi-même. L'autonomisation est une aspiration qui suppose des contraintes, ce qui ne peut que créer des tensions.

Entrer dans le monde des adultes s'avère compliqué et délicat. On se rapproche des siens en tant qu'être humain ; on s'éloigne d'eux, en tant qu'individu distinct et indépendant qui flirte audacieusement avec l'agressivité, la transgression. Donc attention aux conséquences. Tout dépendra des capacités de compréhension des parents, à la fois protecteurs et interdicteurs, et de leurs réponses face à ces prises de positions toutes nouvelles. L'enfant, dont les possibilités s'accroissent à cette époque, peut voir sa vulnérabilité renforcée.

Si cette découverte de soi, du monde et des autres, si ces initiatives ne sont pas subtilement encouragées et soutenues, le développement futur de l'enfant se trouvera entravé. Si l'interdiction l'emporte, si la protection est trop excessive, l'enfant perdra confiance en lui, en autrui et doutera de ses capacités à juger, à entreprendre. Et naturellement, le rapport au non et son utilisation future s'avéreront perturbés.

Dans ce contexte, les contes de fées nous soufflent à l'oreille l'importance et la richesse de cette étape fondamentale, qui passe par l'acquisition du non, ainsi que les dangers qui y sont afférents. À travers ce qu'il ne veut pas, l'enfant commencera à prendre conscience de soi, des autres et du monde environnant ; ce qui correspond à la naissance d'un être humain qui doit trouver sa place dans sa famille et dans la société. Mais pas sans avoir rencontré des dilemmes, pas sans avoir expérimenté des contradictions, pas sans écueils.

Pouvoir dire non, ne pas pouvoir dire non, c'est toute la question. Même si l'enfant va tourner la page et s'élancer vers de nouvelles aventures, notamment la découverte de la différence des sexes et l'œdipe, cette brève période, entre deux et trois ans, va laisser des traces profondes chez l'adulte qu'il deviendra. Si les interdits ont été trop excessifs, l'agressivité trop fortement réprimée, alors la passivité, le doute, la dépendance et l'évitement des conflits vont devenir comme une seconde nature. Ces tendances referont surface quand l'occasion de s'opposer se présentera, et plus grave, dans des situations où un refus indispensable s'imposerait. Or, un individu autonome, libre, se définit et s'exprime par ses choix, qu'ils soient positifs ou négatifs. Si nous ne sommes pas assez sûrs de nous pour nous défaire de nos comportements appris, et pour décider qu'à certains moments nous devons dire non, nous ne pourrons jamais exprimer notre indépendance sans penser et craindre que nous allons sacrifier nos liens interpersonnels.

Parents, comment gérer au mieux cette période

Tout d'abord, comprenez qu'à cet âge, l'enfant a besoin de sa dose de non. S'il s'oppose, c'est surtout pour exister, pour se rassurer sur ses capacités d'autonomie. Ce n'est pas qu'il vous aime moins, c'est qu'il craint d'être happé par votre personnalité et d'y perdre la sienne. Comme le dit Françoise Dolto : « L'enfant dit non pour faire oui... en d'autres termes, je ne ferais pas ce que tu me demandes... mais je veux bien le faire, Moi. »

Faites preuve de patience : vous devrez souvent rappeler que ce sont les parents qui édictent la loi et non les enfants. À cet âge, on oublie vite les règles énoncées la veille ; on ne les intègre que très progressivement à force de répétition. Dans le même esprit, le « Tu feras ce que tu voudras quand tu seras adulte » remet les pendules à l'heure et chacun à sa place.

Tâchez d'éviter le conflit ouvert et de rentrer dans un rapport de force.

Expliquez votre non : « Je ne veux pas que tu mettes ton short en hiver, tu vas attraper froid. » « Je ne veux pas que tu laisses traîner tes jouets, ça me dérange. » De la même façon, apprenez à contourner l'obstacle : « Tu ne veux pas ton poulet, ne le mange pas, je le laisse sur la table au cas où. » (Il est rare qu'un enfant bien-portant se laisse mourir de faim !). « Tu ne veux pas dormir, reste dans ta chambre et endors-toi quand tu veux. » Et si vous le retrouvez couché sur le sol, mettez-le simplement dans ses draps. « Tu veux t'habiller tout seul, vas-y. » Et peu importe qu'il mette son pull à l'envers, il y aura toujours un camarade de maternelle pour le lui faire remarquer. Souvent avec plus de succès que vous ! Donnez-lui le choix pour des choses quotidiennes qui le concernent. Une phrase aussi banale que « Veux-tu du poulet ou du poisson ? » lui montre qu'on sollicite son avis et qu'on le respectera.

Enfin, acceptez de différer, faites preuve de souplesse : « Tu viendras à table dans cinq minutes, je te laisse terminer ton dessin. » À ce propos, un bon truc pour lui faire comprendre la durée. Prenez comme étalon de temps sa chanson préférée. Il saisira mieux.

Mais sachez rester ferme : quand vous avez pris une décision, ne cédez pas au moindre prétexte. Prévenez-le d'emblée : il doit comprendre que lorsque vous avez dit quelque chose, il ne peut pas refuser. S'il pique une crise au lieu d'aller dans sa chambre, emmenez-le d'une main déterminée ; s'il ne vient pas déjeuner après les cinq minutes de « rab », allez le chercher tranquillement et... tenez bon. En adoptant cette attitude, il teste vos limites et par là même les siennes. Dans ce cas, ne justifiez plus votre comportement, ne donnez pas d'explications sans fin. Le « c'est comme ça » est de mise. Il est inutile de s'embarquer dans une discussion interminable et épuisante.

Déculpabilisez : quand votre décision est appropriée et équitable, votre enfant ne vous en voudra pas bien longtemps. Il attend souvent qu'on lui pose des limites et respecte davantage ceux qui le font sans agressivité, mais fermement.

Donnez-lui un espace de liberté comme le conseille le pédopsychanalyste Winnicott : « Laissez votre enfant avoir un coin à lui dans sa chambre, une armoire ou un bout de mur pour le salir, le ranger ou le décorer à sa fantaisie ou selon son humeur. » Là, l'enfant pourra exprimer ses désirs, manifester sa volonté, en un mot, son autonomie.

Civilisez-le en lui apprenant à transformer ses non bourrus en : « S'il te plaît Maman... Si tu veux bien Papa... on fait ce que j'ai dit. » C'est une marque de respect qui favorise la convivialité. À condition, bien sûr, que vous lui donniez l'exemple et en fassiez autant quand vous lui demandez quelque chose.

Jouez au non avec lui en inversant les rôles. Vous interprétez l'enfant qui refuse tout, lui un des parents. Se mettre à la place d'autrui sur un mode ludique facilite la communication. Vous en rirez ensemble, mais il aura vécu et peut-être mieux compris ce qu'est une opposition systématique et combien c'est difficile à vivre pour les autres.

Apprenez à reconnaître les vrais refus des rejets systématiques. Tous les non n'ont pas la même valeur ni la même signification. Quand votre enfant refuse quelque chose, identifiez son type de non, changez de sujet, parlez de la pluie et du beau temps. Par exemple : « On va faire des courses », ou encore, « Est-ce que ta copine Léa a encore la rougeole ? ». S'il donne dans le panneau, et répond à vos questions, c'est qu'on peut le distraire de son attitude négative. Le non en question était exprimé sans grande conviction, juste pour le plaisir du mot ou de l'effet produit. En revanche, s'il persévère dans son refus ou sa bouderie, c'est qu'il sait vraiment ce qu'il veut ou ne veut pas et qu'il y tient. À vous de voir alors si sa décision tient la route. Il a le droit après tout d'émettre des avis et d'avoir des choix différents des vôtres.

Dédramatisez : montrez à votre enfant qu'on a le droit de ne pas être d'accord et qu'on s'aime quand même. Comme quand Papa et Maman discutent de la couleur de la nouvelle voiture ou de la destination des prochaines vacances : mer ou montagne ? Un bon débat vaut mieux que continuelles bouderies.

Enfin, sachez que dire non à ses enfants est un message d'amour : « Je ne veux pas que tu fasses cela parce que je me soucie de toi. » Vous lui posez des limites nécessaires à sa sécurité, et qui le protègent. Faire preuve d'une autorité juste et raisonnable est un des moyens d'éducation le plus efficace. Certains parents en sont incapables. Auprès de parents timides, inhibés, peu sûrs d'eux, l'enfant risque à son tour de devenir timide, n'osant affronter les autres. Même réaction avec des parents surprotecteurs qui ont tendance à faire les choses à la place de leur enfant. Celui-ci, par manque de confiance en ses propres capacités, n'osera jamais s'opposer. Enfin, des parents hyperautoritaires récoltent le même résultat. À force d'être puni, critiqué chaque fois qu'il prend une initiative, l'enfant finit par obéir et se taire ou dire amen pour avoir la paix.

Un dernier conseil : vous êtes confronté à un proche qui ne sait pas dire non et vous souhaitez l'aider. Essayez de faire le tri entre les oui qu'il vous livre avec plaisir et ceux qu'il donne contraint et forcé. Ne prenez pas forcément pour parole d'Évangile sa première réponse affirmative. Autrement dit, facilitez-lui la tâche pour qu'il puisse exprimer ce qu'il veut réellement. Reformulez différemment la question ou la demande afin qu'il puisse révéler ses véritables motivations à acquiescer.

« Veux-tu venir au théâtre avec moi ? Réfléchis et ne réponds pas tout de suite. Tu as le droit de préférer faire autre chose. Je ne serai pas blessé si tu refuses ou fais une autre proposition. »

III

Ceux qui peuvent dire non...
et ceux qui ne le peuvent pas

Malgré tout ce que nous venons d'avancer précédemment, le non n'a pas totalement disparu de notre vocabulaire. Certains s'y entendent même plutôt bien pour l'exprimer avec talent, panache et succès. Dire non, cela peut être : drôle, comme le peintre Marcel Duchamp qui, en 1921, refuse d'exposer à Paris, au salon Dada, et envoie de New York un télégramme libellé : « Peau de balle. » Coquet, comme Greta Garbo et Brigitte Bardot qui, en pleine gloire, abandonnent le cinéma. Désintéressé, comme Jean-Paul Sartre qui refuse le prix Nobel de littérature et la somme rondelette qui l'accompagne. Généreux, comme sœur Emmanuelle qui refuse la fatalité de la misère et passe sa vie au Caire à aider les plus pauvres. Surprenant, comme les « no-no », ces trentenaires qui militent contre le Mac Do, la nourriture standardisée, la publicité et ses slogans stupides. Honnête, comme Jacques Delors qui refuse de se présenter aux élections présidentielles de 1995, alors que tous les sondages le donnent gagnant. Courageux, comme Charles de Gaulle en 1940, qui refuse la défaite et appelle à poursuivre le combat depuis Londres ou comme Nelson Mandela qui refuse l'apartheid et passe vingt-neuf ans en prison. Mais aussi dangereux, comme Gandhi et Martin Luther King qui refusent l'oppression et l'injustice, au prix de leur vie.

Nous voici revenus à notre point de départ, dire non peut s'avérer dangereux. Hormis ces exemples célèbres, « les petits, les obscurs, les sans-grade » prennent aussi des risques avec le non, tels les grévistes de la faim, il y a encore peu de temps en France, les syndicalistes sous toutes les dictatures, les féministes dans les pays intégristes, les dissidents en Chine, les démocrates en Algérie, les résistants à Sarajevo. Tous ceux qui luttent pour refuser le totalitarisme, les abus et défendre leurs droits. Mais, retournons vers des non moins exceptionnels, plus légers et plaisants comme le non du marchandage dans les souks, obligé, qui participe d'un rituel, d'un jeu et se déroule toujours joyeusement autour d'un verre de thé.

Ces non que nous entendons chaque jour

En réalité, tout autour de nous, chaque jour, le mot « non » retentit avec l'autorité qu'il sous-entend et le respect qu'il mérite. Pensez au rôle protecteur du « Non à la mort », lancé par un médecin face à une urgence médicale, par un pompier face à un incendie, par un démineur face à une alerte à la bombe et à une explosion imminente. Il s'agit de non essentiels, de non qui sauvent des vies. Moins dramatique, le « Non à la pagaille », qui intervient pour préserver une certaine harmonie sociale : le policier qui vous empêche de prendre la place de l'Étoile en sens inverse, le gardien de musée qui ne vous autorise pas à toucher un tableau, le conducteur de bus qui refuse d'ouvrir les portes pour permettre à un retardataire de monter en marche. Ces non sont exprimés dans l'intérêt général : non des directeurs d'établissements, d'institutions, des présidents d'associations, de collectivités, des garants de la loi, juges, magistrats, gendarmes, etc.

Le non « politique » procède de la même exigence. Les responsables politiques savent et doivent dire non. Du non brutal de Tony Blair au non exprimé diplomatiquement, l'objectif est le même : refuser des propositions qui pourraient nuire à la bonne marche de l'État ou le mettre en péril et garantir la sécurité des citoyens. Une charmante histoire circule dans les milieux diplomatiques : quand une femme du monde dit non, ça veut dire peut-être ; quand elle dit peut-être, ça veut dire oui ; quand elle dit oui, ce n'est pas une femme du monde. Quand un diplomate dit oui, ça veut dire peut-être ; quand il dit peut-être, ça veut dire non ; quand il dit non, ce n'est pas un diplomate !

Le non « médical » est une autre catégorie de non auquel nous sommes confrontés en permanence. Les médecins, infirmières et autres thérapeutes, qui connaissent les limites du corps et font en sorte de préserver la santé de leurs patients, n'ont souvent pas d'autres choix que de dire non. Un médecin qui n'interdirait pas à un diabétique de manger des pâtisseries, un chirurgien qui ne découragerait pas un récent opéré du cœur de partir pour un safari exténuant, un psychiatre qui autoriserait la sortie d'un malade suicidaire, seraient des criminels en puissance.

Mais peut-être le non le mieux partagé est-il le non « de profit », lié au monde de la finance et de l'économie : le non des industriels et des commerçants, des cambistes, des agents de change et des banquiers. Ce non, qui tend à éviter les mauvais investissements ou les risques et à protéger les bénéfices, est un concept central au même titre que la compétition. C'est le non auquel vous êtes confronté quand on vous refuse un crédit. C'est un non qui s'exprime d'abord en termes de résultats. Dans chaque secteur de l'économie, à tous les niveaux, de l'épicier de quartier à la plus puissante des multinationales, le non « de profit » est une partie intégrante de la stratégie du management.

Mais pourquoi un dirigeant d'entreprise, qui peut facilement refuser une campagne de publicité trop onéreuse, est-il incapable de dire non à sa femme qui projette de descendre un canyon en rafting ? Pourquoi un pompier, qui peut crier non à une personne en train d'éteindre un court-circuit avec de l'eau, est-il incapable de refuser, alors qu'il n'a plus faim, une deuxième portion de choucroute qu'il n'aime pas ? Pourquoi une mère de famille est-elle incapable de dire non à ses enfants, alors qu'au bureau elle sait parfaitement refuser de s'occuper d'un dossier. Ce type de conduite se rencontre fréquemment et démontre qu'un même individu peut dire facilement non dans certaines circonstances, alors qu'il en est incapable dans d'autres. La réponse à ces questions n'est pas simple. Mais nous pouvons commencer à comprendre si nous raisonnons en termes de non « professionnel », sur le lieu de travail, et de non « personnel », dans la vie privée.

Le non « professionnel » et le non « personnel »

Bien qu'il soit parfois difficile de tracer une ligne de séparation très nette entre la vie professionnelle et la vie privée, nous conserverons néanmoins ces deux catégories comme cadre de réflexion. Le non « professionnel » est le résultat de la formation et de l'expérience. C'est un non dont on a favorisé le développement pendant les études, au cours de stages et au travail, qui a été façonné au point de devenir un réflexe. « Une des premières choses qu'on m'a apprises quand j'ai débuté à la banque, c'est à dire non », rapporte un banquier.

Ce non est devenu l'élément majeur qui permet de peser le pour et le contre d'une décision et qui définit les paramètres de la responsabilité professionnelle. Respectueux et consciencieux, le non « professionnel » va de pair avec le statut et l'habileté au travail. Il diffère du non « personnel » d'une autre façon : il est rémunérateur. Il entraîne le succès ou l'échec d'une carrière et joue un rôle clé dans la survie d'une société. Si, dans une banque, un cadre est incapable de dire non à un client qui demande un prêt au-dessus de ses moyens, il ne tiendra pas une seconde dans le monde de la finance ; on le déclarera incompétent comme le chirurgien qui refuserait de pratiquer une intervention vitale pour un patient.

Au contraire, le non « personnel » n'est soumis à aucune réglementation et ses enjeux sont tout autres. Dire non à un ami qui veut vous faire profiter d'une bonne affaire peut vous paraître difficile, mais ne vous ruinera pas pour autant. De même, dire non à un autre ami qui veut vous emmener voir un film ennuyeux est tout à fait différent que de dire non à un subordonné qui vous propose une idée contraire aux intérêts de l'entreprise. Dans le premier cas, vous êtes seul en cause, vous n'obéissez à aucun code et les retombées sont individuelles ; dans le second, les conséquences sont collectives et en même temps, vous fonctionnez dans un système de règles qui objectivisent le non et permettent de le prononcer en toute impunité.

Néanmoins, le non « personnel », comme nous le verrons plus loin, doit être également appris.

Le non « pathologique »

Avant de brosser le portrait des « Non ? Moi, jamais », attardons-nous un instant sur les « Non ? Moi, toujours », qui sont généralement des non pathologiques.

Herman Melville nous en donne un bel exemple littéraire dans sa nouvelle *Bartleby*. Employé depuis peu dans une étude de Wall Street, Bartleby répond tranquillement « J'aimerais mieux pas » à la plupart des ordres de son patron et s'y tient, à la stupéfaction de ce dernier. Peu à peu, il devient totalement inactif derrière son paravent et finira par mourir en prison, refusant de s'alimenter et seul, comme il l'a toujours été. Des personnages aussi pathétiques, nous en rencontrons également dans la réalité.

Certaines familles de malades mentaux connaissent bien, notamment, le négativisme qui est un des symptômes de la schizophrénie. Il se manifeste par un refus systématique et inébranlable à toute sollicitation. Un de mes patients arrive un jour dans mon bureau pour un entretien. Il refuse ma main tendue et annonce « Je ne suis pas là », avec toute l'ambivalence (il était quand même venu) et l'impénétrabilité caractéristiques de cette affection. Mais derrière son visage fermé, je pouvais entrevoir un abîme de préoccupations et d'angoisses.

Les paranoïaques – ceux-ci sont moins attachants – sont les champions absolus du « Non ? Moi, toujours ». Leur personnalité méfiante, rigide, se prête à toutes les interprétations fausses de la réalité. Ils se sentent constamment attaqués par certains de leurs interlocuteurs, qui – pensent-ils – trament toujours quelque mauvais coup contre eux. Par conséquent, ils doivent se défendre en permanence. Une des manières de le faire étant de s'opposer à tout : « Non, je ne sortirai pas, je ne partirai pas en vacances, mon voisin, qui m'en veut, va en profiter pour me cambrioler » ; « Non, je ne t'achèterai pas cette robe, tu la désires pour séduire mon voisin (toujours le même). » Cependant, il est parfois plus difficile de les reconnaître (au moins pour les non-professionnels) en raison du caractère pseudo-logique de leur discours.

Mais laissons ces non pathologiques aux spécialistes. Ils ne font pas l'objet de ce livre.

Les « Non ? Moi, jamais »

Chacun de nous, à un moment ou à un autre, a rencontré des difficultés à dire non, en particulier à des proches. Qui a envie de peiner ceux qu'il aime ? « Bien sûr que je peux te faire cette course, te prêter mon ordinateur, réparer ton évier, t'envoyer de l'argent, te rejoindre au théâtre, appeler Untel de ta part, déménager ta bibliothèque, écouter tes problèmes », etc. Afin de conserver ou de renforcer nos liens avec les autres, afin de nous sentir gratifiés, afin d'être reconnus pour nos qualités humaines, afin d'être aimés, nous sommes prêts à faire tout cela.

Il y a des moments où nous sommes incapables de dire non dans d'autres lieux, à d'autres personnes, comme nos supérieurs et nos collègues de travail. Cela peut se produire pendant une période d'essai au cours de laquelle nous sommes évalués et voulons donner une bonne impression, ou avant une promotion que nous voulons absolument mériter et obtenir, ou simplement parce que nous aimons bien nos collègues et avons envie de les aider. On veut être un bon équipier, voilà tout. Mais quand notre incapacité à dire non devient chronique, revoici, revoilà le temps de la ritournelle : « Je n'ai pas pu dire non » ; « Je n'ai pas su dire non » ; « J'aurais dû dire non. » Nous, les « Non ? Moi, jamais », quel est donc notre dénominateur commun ? Comme nous le disions dans le chapitre II, tout repose sur des peurs : peur d'agir, de faire des vagues, de décevoir, de prendre ses responsabilités, de créer des bagarres, d'ouvrir la boîte de Pandore, de ne pas être pris au sérieux, peur d'être jugé, isolé, abandonné, puni, attaqué, perçu comme un égoïste, insulté, rejeté, peur du talion, etc.

Il est vrai que la peur, après tout, peut jouer un rôle protecteur, nous préserver du danger et accroître nos chances de survie. Quand un individu menaçant nous demande de l'argent et que nous sommes terrorisés et incapables de le lui refuser, notre peur peut tout simplement nous sauver la vie. Et en effet, dans le climat actuel de violence urbaine – à moins d'être un champion de boxe – l'incapacité à dire non peut parfois se révéler salvatrice. Mais le plus souvent, nous ne sommes pas exposés à des situations aussi extrêmes et nos peurs sont bien souvent irrationnelles. Nous allons voir que certains d'entre nous y sont davantage enclins que d'autres.

Trop timide pour dire non

Si quelqu'un qui a du mal à dire non n'est pas nécessairement timide dans d'autres domaines, en revanche, les timides ont tous beaucoup de mal à dire non. Autrement dit, quand vous êtes confronté à un non difficile à exprimer, vous vous transformez en individu timide. Et dans la peau de ce timide, vous allez osciller comme lui entre deux types d'anxiété : l'anxiété de « performance » et l'anxiété d'« évaluation ». Dans le premier cas, c'est la peur de ne pas être à la hauteur, que ce soit pour donner une conférence ou pour faire des œufs à la coque. Dans le second cas, c'est la peur d'être jugé par autrui : par votre patron qui vous demande votre avis, mais aussi bien par vos enfants qui vous demandent votre marque de voiture préférée. Nous retrouvons là nos vieux démons : Justine a grandi, mais ses appréhensions restent les mêmes.

Dans ces cas et dans bien d'autres, le fait d'être sous la lumière des projecteurs, ou simplement objet de l'attention des autres, suscite le malaise. Certains sont capables de transformer ce sentiment en une sorte de force qui leur permettra d'être compétitifs. Pas les timides, qui vont se sentir paralysés et vides, incapables de trouver leurs mots et des solutions adaptées, encore moins capables de dire non. Autrement dit inhibés. Et les mains moites, tremblantes, les jambes flageolantes, le cœur à cent à l'heure, la respiration coupée, les joues en feu, le plexus noué, les muscles raidis, le visage blême, la bouche sèche, l'estomac retourné, les ongles rongés, le rire niais, c'est-à-dire le cortège habituel de manifestations physiques incontrôlables qui accompagne la timidité et n'arrange rien.

Lors d'une soirée, l'ami qui vous a invité vous demande de vous occuper de son vieil oncle que vous ne connaissez pas. Vous bredouillez et passez un moment épouvantable, terrorisé par ce monsieur qui débite des énormités sur la jeunesse actuelle, trop troublé pour répondre puisque vous pourriez alors être jugé, trop troublé pour le contredire parce que vous pourriez alors perdre le fil de vos idées ou bafouiller ou rougir ou trembler. Vous vous bornez à ébaucher un sourire figé et ne dites mot.

Le manque de confiance en soi

Cette peur de l'échec et d'être critiqué sont liées à un manque de confiance en vous qui frôle le sentiment d'infériorité. Vous vous dévalorisez, vous vous jugez négativement, vous vous sentez plus sensible, plus émotif, en un mot plus vulnérable que les autres. Tout comme Justine qui ne peut se risquer à dire non à un ami, parce qu'elle sous-estime ses capacités à affronter cette situation, vous avez, d'ores et déjà, décidé que ce que vous allez dire est inintéressant ou ridicule ; qu'au moment de défendre votre point de vue dans une négociation, vous aurez un trou de mémoire ; que si vous prenez le risque d'engager une conversation, ce que vous allez dire sera forcément stupide ; que si vous écrivez un texte, vous serez incapable d'aligner deux idées cohérentes. En d'autres termes, vous avez « le talent » de deviner l'avenir et votre avenir est dominé par un message simple et répétitif. « Tu vas perdre. »

Et le sentiment de découragement qui vous habite parfois est bien naturel puisqu'il reflète cette autodépréciation.

Ainsi, vous ne pouvez pas dire non parce que vous savez à l'avance que votre non sera un fiasco. Vous êtes traumatisé par un échec potentiel avant même que celui-ci ne se produise. Par conséquent, mieux vaut ne pas essayer du tout et s'en tenir à des comportements proches de la passivité, de la dépendance voire de la soumission, qui deviennent rapidement comme une seconde nature.

Au fond, vous avez une mauvaise image de vous. Dire oui revient à s'acheter une bonne image, comme on s'achète une bonne conduite !

La dépendance

Comme vous vous dévalorisez, vous allez dévaloriser vos besoins, vos envies, vos sentiments, et accorderez une plus grande valeur à ceux des autres. Vous vous estimez « petit, faible, désarmé », vous les estimez « grands, puissants, armés ». Et comme vous êtes persuadé qu'autrui a sur vous une opinion semblable à la vôtre – à savoir que vous êtes un incapable –, comme par-dessus le marché vous avez peur d'être raillé, jugé défavorablement, votre vie relationnelle va s'en ressentir.

En société, vous allez prendre un minimum d'initiatives, laisser les autres décider à votre place, les déranger le moins possible et ne rien exiger d'eux. Vous allez vous appliquer à vous montrer aimable, prévenant, complaisant, attentionné, empressé. Il ne faudra jamais contrarier qui que ce soit et absolument éviter de déclencher un conflit qui tournerait toujours à votre désavantage. Vous avez forcément tort et l'autre a forcément raison. En outre, vous risqueriez de vous faire rejeter en raison du principe : « Si j'accepte tout, il ou elle m'aimera toujours. »

Comme Justine qui ne peut prendre le risque de décevoir ses parents, les « Non ? Moi, jamais » ne peuvent prendre le risque de décevoir les autres ; aussi répriment-ils leurs actes et leurs sentiments. Alors que la maturité devrait amener un sens de l'indépendance et de la confiance en soi plus solide, chez les « Non ? Moi, jamais », cela ne se produit pas forcément. Et même quand ils savent qu'ils devraient dire non, la crainte de l'échec ou du rejet est trop grande. Les « Non ? Moi, jamais » ne peuvent exister en étant différents des autres. Ils doivent, par conséquent, acquiescer afin d'assurer son appartenance au groupe, afin de s'assurer qu'on les aime. En dernière instance, pour trouver leur place, ils ont besoin de devenir indispensables et finissent par prendre en charge tous les malheurs du monde. Derrière ce comportement et ces réactions se dissimule toujours la peur d'une perte d'amour.

L'irritabilité

En récompense de toutes ces attentions, de tous ces renoncements, vous allez souvent vous sentir inconsistant, terriblement incompris, oublié. Puisque vous pliez devant les autres, vos familiers vont prendre l'habitude de ne pas compter avec vous ; les étrangers vous imposeront facilement et brutalement leur point de vue. Finalement, vous allez vous sentir complètement dépossédé et frustré. De cette blessure peut surgir un sentiment d'irritation que vous allez bien sûr retourner contre vous-même.

Au début de l'année scolaire, vous décidez avec une voisine d'amener alternativement vos enfants et les siens à l'école. Mais, cette voisine se révèle peu fiable : elle est très en retard, elle oublie son tour, ses enfants ne sont pas prêts le matin quand vous passez les chercher. Vous n'osez pas le lui reprocher ni rompre votre engagement. Mais vous vous sentez énervée et anxieuse tous les matins à l'idée que vous allez devoir pallier ses défaillances et perdre du temps. Par-dessus tout, vous vous sentez complètement idiote, en colère contre vous et ressassez vos problèmes toute la journée.

Vous faites faire des travaux chez vous ; le peintre vous demande s'il peut vous laisser son matériel pendant le week-end. Or, son matériel, c'est vingt gros pots de peinture, des bidons d'essence, des tréteaux, des échelles, des chiffons imbibés de white-spirit, le tout trônant dans votre entrée et empêchant quiconque de sortir. Pensant que le peintre va se rendre compte du dérangement que cela vous cause, vous suggérez timidement que ce matériel prend un petit peu de place. Rien, aucune réaction. Et du coup, vous n'osez plus dire non, vous taisez votre ressentiment et rendez service malgré vous. Mais, là encore, vous êtes furieuse contre vous. « Je me battrai », vous dites-vous cent fois, en ne cessant de ruminer vos difficultés.

Mais parfois, quand la coupe est pleine, vous pouvez manifester des mouvements d'humeur à l'égard d'une personne qui, la plupart du temps, n'y est pour rien et n'y comprend rien. Dans ce cas, elle pourra s'étonner de votre accueil plutôt froid ou de votre énervement et vous n'oserez pas lui expliquer pourquoi. Le vrai problème est que vous n'avez pas osé exprimer votre colère au bon moment et que vous l'avez déplacée sur une personne qui n'en est pas responsable.

Une de vos amies vous a téléphoné pendant une heure au bureau sans que vous arriviez à raccrocher. Vous n'avez pu terminer un dossier important et vous êtes très énervée. Quand votre fille vient vous chercher pour aller au cinéma, vous la recevez assez mal et lui reprochez n'importe quoi. Vous êtes en vacances avec des amis qui vous proposent de faire les courses. Cela vous ennuie particulièrement, vous préféreriez faire la cuisine, mais vous n'osez refuser et passez la majorité de votre temps au marché où vous critiquez avec une certaine virulence les commerçants, leurs prix trop élevés, leurs légumes flétris.

La tristesse

Ces moments de « sursaut » sont assez souvent assortis de sentiments de doute douloureux. Vous pensez que vous ne pourrez jamais changer d'attitude ni vous renforcer face au non. Mais vous pensez aussi que vous êtes injuste et rendez les autres malheureux en vous montrant agressif envers eux. Cela occasionne des périodes d'incertitude et une certaine tristesse qui ne va pas échapper à vos proches.

Par exemple, quand votre petit ami vous propose d'aller en week-end chez ses parents à la campagne, vous ne réussissez pas à répondre : « Non, je ne veux pas y aller. Chaque fois, cela se passe mal, ta mère ne m'aime pas et ne manque pas une occasion de me le montrer. » Vous avez peur qu'il ne vous comprenne pas et qu'il pense que vous voulez le séparer de sa famille. Aussi, vous acceptez sans enthousiasme de l'accompagner. Et comme vous l'aviez imaginé, sa mère vous adresse à peine la parole, sauf pour vous faire remarquer que vous avez mauvaise mine et pour vanter les mérites d'autres filles brillantes et ravissantes. Vous restez tristement silencieuse, tant et si bien que votre ami vous demande ce qui se passe et que vous êtes à nouveau incapable de vous expliquer. Vous lui dites que vous êtes fatiguée et que cela passera. Mais ça ne passe pas et vous vous sentez abattue, tout à la fois irritée contre votre ami – qui ne vous comprend pas – et malheureuse de lui en vouloir.

Les somatisations

En réprimant la plupart du temps ses émotions, celui qui dit oui à contrecœur se fait violence. La porte est alors grande ouverte aux affections somatiques. Ce que vous ne pouvez dire, votre corps le dira. Des allergies (au oui ?), au mal de dos (j'en ai plein le dos ?), en passant par les maux de tête (je ne veux pas dîner chez Untel), tout est bon pour manifester et retourner sur soi son ressentiment.

Votre belle-mère vous demande de l'emmener chez une amie... évidemment, le jour où vous devez aller chez le coiffeur. Vous ne pouvez dire non, elle pourrait se vexer. Au dernier moment, vous êtes prise d'une migraine épouvantable qui vous donne un bon prétexte pour lui faire faux bond. Mais, dans le même temps, vous souffrez horriblement et vous êtes privée d'une nouvelle coupe.

Vous ne vouliez pas passer vos vacances d'hiver à la montagne. Vous rêviez d'une plage au sable lumineux, à des baignades romantiques au clair de lune. Vous ne savez imposer ce souhait et vous vous retrouvez en train de skier dans la brume et le froid. Le lendemain matin, vous vous réveillez avec une sciatique ; fini le ski... mais aussi les vacances. Vous rentrez en urgence chez vous pour des infiltrations douloureuses.

La personnalité

Récapitulons. Ceux d'entre nous qui ne savent pas dire non occasionnellement ou fréquemment, connaissent, selon la situation ou l'interlocuteur, quelques-unes ou toutes les caractéristiques décrites ci-après.

Votre personnalité

- Inhibition
- Sentiment d'infériorité
- Manque de confiance en soi
- Dévalorisation
- Sentiment d'insécurité
- Doute
- Anxiété
- Hyperémotivité
- Passivité
- Dépendance
- Culpabilité
- Se défend mal
- Se sacrifie pour les autres
- Peur de prendre des risques
- N'exprime pas clairement ses opinions
- Évite les conflits
- Crises brusques d'irritabilité
- Somatisations
- Tristesse

Il semble que le manque de confiance en vous, mais aussi en autrui, suscite une grande partie de vos difficultés. Il existe, bien sûr, des individus manipulateurs qui vont essayer d'abuser de vous ; parfois en vous culpabilisant (« Puisque toi, tu ne travailles pas, tu peux bien aller chercher mon passeport à la préfecture », vous déclare votre fils) ; parfois, en vous flattant (« Tu conduis tellement bien, ta voiture est tellement confortable, tu veux bien m'amener à la gare ? », vous demande votre cousine) ; parfois, en jouant sur la corde sensible (« Je suis si fatiguée, si vieille, peux-tu m'aider à changer mes meubles de place ? », vous supplie tante Élodie, pour la troisième fois dans l'année).

Mais tout le monde n'est pas comme cela et il vous est sûrement arrivé de rencontrer des individus plus compréhensifs et amicaux. Certains d'entre eux peuvent vous demander quelque chose sans arrière-pensée ou sans même imaginer que vous allez répondre positivement, simplement comme un enfant qui chercherait des limites.

Croyez un peu plus en les autres, vous croirez davantage en vous.

Croyez un peu plus en vous et les autres y croiront.

Relativisez l'échec

L'échec fait partie de la vie comme l'imperfection et la vulnérabilité, à moins que les apprentis sorciers de la génétique ne gagnent du terrain. Acceptez une certaine fragilité et la possibilité de quelques échecs, vous serez plus libre, plus décontracté et sans doute plus épanoui, mieux dans votre peau.

Considérez l'enfant qui fait ses premiers pas : il va tomber et se relever, tomber encore et se relever. Tomber et se relever font partie du processus d'apprentissage de la marche ; on ne peut pas apprendre à marcher sans tomber. Conservez cette image en mémoire et appliquez-la à toute situation risquée. Si vous tombez, relevez-vous, c'est la seule façon d'apprendre et de s'améliorer. Ou comme le dit joliment C. André : « J'ai appris que si je me plante, tant pis. » Ajoutons, relevez-vous en essayant de comprendre pourquoi vous êtes tombé et comment vous pourriez éviter de tomber si souvent.

Et si vous ne tombiez plus ? Et si tout ce tracas, cette anxiété et cette insécurité étaient mal placés ? Et si votre non avait plus de poids et d'autorité que vous ne le pensez ? Et si votre interlocuteur acquiesçait et vous comprenait ? Et si vous trouviez petit à petit, et en le pratiquant, que dire non est facile ?

Ce que nous voulons signifier ici est qu'il faut récupérer confiance non seulement en vous, mais en autrui. Vos interlocuteurs sont-ils forcément plus capables que vous ? Sont-ils forcément plus cultivés, plus malins ou plus savants ? Sont-ils forcément des juges impitoyables ? Au restaurant, si vous faites remarquer que votre assiette n'est pas propre, le garçon qui la change pense-t-il que vous êtes ridicule ? Cela fait partie de son travail et vous n'êtes ni le premier ni le dernier à suggérer que votre assiette mérite plus d'attention.

Peut-être vos interlocuteurs pensent-ils qu'une réponse négative appartient au registre normal des réactions humaines. Peut-être vous apprécient-ils et vous attribuent-ils plus de valeur que vous ne le pensez. Il est possible que la demande (incontournable d'après vous) de garder un bouledogue mal élevé pendant une semaine n'est en fait qu'une suggestion timide ! Votre interlocuteur n'est peut-être pas si sûr de lui ; cherchez ce qui se cache derrière l'apparence. Votre tante Élodie n'est-elle pas sur le point de flancher précisément quand elle vous demande pour la troisième fois en un an de changer ses meubles de place ? Certains interlocuteurs peuvent se rétracter et même s'excuser quand ils rencontrent une résistance justifiée et ferme.

Au lieu d'imaginer la pire des réactions possibles, pourquoi ne pas l'imaginer neutre ou même positive ? Cette façon d'envisager les choses paraît plus dynamisante que le sempiternel message d'échec et n'est peut-être pas si éloignée de la réalité que vous ne le pensez.

IV

Préparez-vous

Comme le navigateur doit vérifier l'accastillage de son bateau avant le départ, vous devez vous mettre en condition avant d'aborder les chapitres suivants où vous découvrirez les méthodes qui vont vous permettre d'évaluer plus précisément vos difficultés et de changer. Nous allons ici insister en priorité sur des principes généraux qui pourront vous servir de cadre et vous mettre sur la voie de la prise de conscience et de la modification de vos réactions.

Mais auparavant, parlons un peu des « mauvaises solutions » que vous utilisez pour échapper au non, sans même parfois vous en rendre compte.

Les mauvaises solutions

Natacha est une charmante jeune femme d'une trentaine d'années, responsable du marketing dans une petite entreprise de logiciels. Depuis plusieurs semaines, elle a remarqué que le beau Christophe, ingénieur vedette de la société, lui fait les yeux doux. Mais Natacha n'est pas le moins du monde sensible au charme de Christophe. Un jour, ce dernier, avec l'assurance qu'il montre en toutes circonstances, invite Natacha à déjeuner. Elle n'a pas l'intention d'accepter mais plutôt que de dire non, elle :

— prétend qu'elle n'a pas eu le message ;

— demande à sa secrétaire de lui répondre qu'elle est absente ;

— « oublie » de lire son courrier électronique ;

— ne rappelle pas ;

— bouscule son emploi du temps afin de ne pas rencontrer Christophe près de la machine à café ;

— lui explique qu'elle a tellement de travail qu'elle n'a pas le temps de déjeuner ;

— lui répond qu'elle est désolée mais qu'elle a déjà un déjeuner et ce, à chaque fois qu'il renouvelle son invitation ;

— reste plus tard au bureau pour éviter de le rencontrer dans le parking ;

— s'assure qu'il est déjà parti avant de partir elle-même ;

— évite de passer devant son bureau au cas où il en sortirait ;

— prend l'escalier pour éviter de le croiser dans l'ascenseur ;

— demande à un ami de la déposer au bureau quand elle est sûre que Christophe les verra ensemble ;

— persuade son amie Alice de raconter à Christophe qu'elle vit une histoire d'amour sans nuage ;

— accepte le déjeuner mais ne s'y rend pas ;

— s'excuse d'avoir « posé un lapin », prend date pour un autre déjeuner et ne s'y rend toujours pas.

Qui n'a jamais déployé de tels stratagèmes, à un moment ou à un autre, plutôt que de dire non. Aucune fable, aucun bobard, aucune mise en scène, aucun scénario n'est trop alambiqué qui dispense de dire non. Et toutes ces mauvaises solutions vous contraignent plus qu'elles ne vous libèrent. Elles vous éloignent de votre objectif, entraînent des réponses inappropriées ou incontrôlables, vous placent dans des situations difficiles voire impossibles, vous exposent à des réactions embarrassantes.

La fuite

Selon leur personnalité, certains adopteront des positions extrêmes, laissant agir leurs peurs plutôt que leurs désirs.

Un homme, pour éviter de dire qu'il ne voulait pas louer sa résidence secondaire pendant l'été, est allé jusqu'à se lever à l'aube chaque jour. Par ce biais éprouvant, il échappait à une rencontre avec sa locataire potentielle (et trop insistante) qui prenait habituellement le train avec lui chaque matin.

Une jeune femme nous a avoué qu'elle avait finalement dû déménager pour échapper à une voisine qui lui demandait en toute occasion de garder ses enfants. Dès que la possibilité s'est présentée, elle a choisi de changer d'appartement et de quartier.

Une autre n'a pas osé refuser sa collaboration au syndic de son immeuble alors qu'elle était déjà débordée. Au lieu d'assumer ses responsabilités, elle n'assistait pas aux réunions, accumulait un retard de courrier tel qu'elle a finalement été exclue peu aimablement. Quelle énergie et quel temps perdus !

Le substitut

En disant non sur-le-champ et directement, vous pourriez simplifier votre vie mais aussi celle des autres. Au sein de certains couples, l'un des partenaires se voit souvent dévolu le rôle et l'obligation de dire non à la place de son conjoint. Un artiste nous racontait qu'il était parfois sollicité par des entreprises, des journaux, pour réaliser des lithographies, des dessins. Il ne savait pas dire non, alors il « disparaissait » et sa femme devait refuser à sa place, prétextant qu'il était en voyage, qu'il était souffrant, qu'il préparait une exposition...

Dans le monde professionnel, les secrétaires, les réceptionnistes et les assistants passent un temps fou à faire barrage auprès des importuns et à répondre à leurs interlocuteurs : « Elle est en conférence, en réunion » ; « Je vais voir s'il est là » ; « Il est au téléphone »... Tout cela parce que leur patron est incapable de dire non. Chacun d'entre nous a déjà essayé de joindre quelqu'un qui n'a pas l'intention de répondre : on vous demande de rappeler, on prend vos messages, on ne vous décourage jamais vraiment mais... Et, parallèlement, des secrétaires passent leur temps à classer des fax et du courrier. En fait, elles perdent leur temps puisqu'il n'y aura jamais que des réponses évasives et peu satisfaisantes.

En 2002, une agence est créée aux États-Unis pour venir en aide aux individus ne se sentant pas le courage de rompre en personne. Pour un forfait compris entre 25 et 75 dollars, l'agence met fin aux relations amoureuses de ses clients. « Les gens sont de plus en plus lâches sur le plan sentimental », explique Deanna Thompson, fondatrice de l'agence Breakup service. « Nous leur évitons d'avoir à annoncer eux-mêmes la mauvaise nouvelle. Nous téléphonons au partenaire éconduit, parfois nous joignons une lettre exposant les motifs de la séparation. »

En laissant ce travail déplaisant aux autres, nous évitons de prendre nos responsabilités, nous ne favorisons pas une communication de qualité et manquons de respect à nos interlocuteurs comme nous le faisons quand nous leur mentons plutôt que de leur dire non.

Le mensonge

Comme une brèche qui s'élargit jusqu'à rompre la digue, le mensonge amène d'autres mensonges... surtout si on en fait trop, ce qui arrive fréquemment quand on veut être définitivement persuasif.

En juillet 2004, une jeune femme, Marie L., a simulé une agression raciste dans le métro. Elle porte plainte contre trois noirs et trois maghrébins qui l'auraient traitée de sale juive, lui auraient donné des coups de couteau et auraient maltraité son fils, âgé de 18 mois. La France s'enflamme : médias, politiques jusqu'au président de la République, intellectuels, tous en cœur blâment ce crime odieux et l'indifférence des témoins. Or, après une enquête rapide, on s'aperçoit que des témoins il n'y en avait pas, pas plus que d'agresseurs. Bref, que Marie L. avait menti. Or, entre autres excuses, elle a prétendu qu'elle avait simulé cet incident pour éviter de dire non à quelqu'un auquel elle avait promis d'acheter une voiture qu'elle ne pouvait payer. Nous sommes face à une mythomane et il est évident que nos « Non. Moi, jamais » en arrivent rarement à de telles extrémités. Mais quand même, leurs mensonges les placent souvent dans des situations difficiles.

Prenons le cas du professeur qui ne peut participer à la réunion hebdomadaire de son département dans une université car, prétend-il, il a un cours à ce moment-là. Que raconte-t-il quand, par hasard, il tombe sur un de ses collègues, précisément à l'heure de cette réunion qui vient d'être annulée. Peut-être : « Ah, la réunion à été annulée ? Tiens, justement comme mon cours ! » Qui va le croire ? Comment cette maîtresse de maison, « désolée » de n'avoir pu accueillir un invité supplémentaire, s'en sortira-t-elle quand il apprendra, plus tard, qu'elle a accepté deux autres invités imprévus ? Elle se sera mise dans de beaux draps.

Et ce directeur adjoint qui, sous la pression d'un supérieur, doit renégocier un contrat déjà signé ? Comment pourra-t-il se justifier ? Comment une réputation entachée dans des circonstances semblables peut-elle être rétablie ?

Ou encore cette femme qui avait feint d'être malade pour éviter de dire à ses parents qu'elle ne voulait pas assister au dîner d'anniversaire de sa belle-sœur. Mais elle avait donné tant de détails sur sa prétendue maladie, qu'elle a dû, pendant des semaines, en rapporter l'évolution et discuter de son traitement.

C'est un vrai travail, voire une corvée que de rendre cohérent un réseau de mensonges et de le soutenir contre vents et marées, sans être découvert. Il faut constamment surveiller les réactions des autres et analyser leurs comportements réels et potentiels. Il faut constamment se tenir sur ses gardes, à l'affût de ses contradictions ou du faux pas toujours possible. Il faut faire attention à ce qu'on dit à une tierce personne et se méfier de toute parole spontanée.

Prenons, par exemple, Natacha qui emprunterait la bague de fiançailles de sa tante pour dissuader Christophe de la poursuivre de ses assiduités. Comment va-t-elle se tirer d'affaire quand on la pressera de questions ? Qui est l'heureux élu ? Que fait-il dans la vie ? Quand va-t-elle se marier ? Quelle robe va-t-elle choisir ? Peut-elle encore dire la vérité si elle en a le courage et passer à autre chose ? À ce stade, c'est devenu difficile, elle s'est enlisée dans ses mensonges et aura beaucoup de mal à s'en sortir. Et l'anxiété qui va en résulter sera sans doute pire que celle qui aurait accompagné un non exprimé plus directement.

Persister dans une telle attitude, continuer à fabuler ainsi a toujours un coût psychique : outre le stress, l'énergie et le temps dépensés à élaborer et entretenir son « roman » ne pourront être utilisés dans d'autres activités.

L'autre est responsable

Une mauvaise solution pour éviter de dire non est... de dire oui, un oui réflexe formulé à la suite d'une demande mais qu'on regrette ensuite très rapidement. C'est une réponse quasi automatique qui ne prend même pas en compte une alternative possible. Le « J'aurais dû dire non » survient après, lorsqu'il est trop tard pour faire quoi que ce soit. C'est un oui déniant tout problème, qui réprime les besoins profonds et s'oppose au bien-être du moi. C'est un oui qui permet d'être momentanément d'accord, alors qu'une fois de plus on sait parfaitement que la frustration, la colère ou le désappointement referont surface. Selon les personnes, ces sentiments réprimés peuvent se manifester tout de suite ou plus tard, l'évènement qui les a provoqués est passé, voire oublié. Cependant, quand ces sentiments surgissent, bien souvent il semble que ce soit l'autre qui est coupable et non nous-même.

Par exemple, votre mari vous demande de l'accompagner à une conférence sur la tauromachie qu'il adore. Pas vous. Vous n'avez pas envie d'y aller mais vous n'osez refuser. Dans la voiture, sans pouvoir vous contrôler, vous critiquez la façon dont il conduit, vous lui dites qu'il est mal habillé, qu'il a besoin d'aller chez le coiffeur, que vous allez être mal assise et, qu'en plus, vous n'entendrez rien parce que l'acoustique de la salle est déplorable. Quand vous arrivez sur le lieu de la conférence, vous vous affalez sur votre siège, feignant d'ignorer tout ce qui se passe autour de vous ; vous n'ouvrez pas le programme, n'applaudissez pas les conférenciers, ne riez pas aux plaisanteries des orateurs. Quand votre mari essaie d'engager la conversation, vous lui répondez sèchement ou pas du tout. En un mot, vous trouvez tout critiquable... et en particulier votre mari.

Même s'il paraît exagéré, cet exemple donne une bonne illustration de ce qu'on peut faire supporter aux autres quand on leur dit oui au lieu de leur dire non. Quoique la victime soit généralement un proche, de tierces personnes innocentes peuvent être l'objet de votre courroux et de votre exaspération : le cadre se mettant en colère contre sa secrétaire plutôt que contre son supérieur ou encore le passager d'un bus, désagréable avec le conducteur plutôt qu'avec sa femme à laquelle il n'ose pas dire non.

Quand les autres autour de nous deviennent des cibles commodes, nous disons qu'il y a « déplacement ». Déplacement des émotions : la colère que vous ressentez contre votre patron va être déplacée sur votre secrétaire. Déplacement des responsabilités : au lieu de vous en prendre à vous-même, qui n'avez su refuser d'aller à la conférence, vous faites porter le poids de votre malaise à votre mari. Comme un ballon de football qui, au lieu d'être renvoyé vers votre équipier, serait envoyé, d'une façon inattendue, vers un ami, un étranger, même un animal familier ou un objet.

Ventiler vos émotions sur votre entourage est une alternative pratique qui, en libérant la tension, vous soulage temporairement. Mais cette stratégie du bouc émissaire ne résoudra pas pour autant vos difficultés à dire non et ne vous aidera pas à corriger vos propres insuffisances. Utiliser les autres comme victime expiatoire peut vous empêcher d'évoluer et être la porte ouverte à des conduites encore plus figées et plus régressives.

La banalisation

Vous pouvez également devenir votre propre victime, quand vous remplacez un non inexprimable, que vous jugiez pourtant nécessaire pour vous préserver, par un oui moins « confortable ». Changer ainsi d'avis, penser que malgré tout vous pourrez faire face sous le prétexte que la situation n'est pas si compliquée, va vous mettre en danger. Vous réagissez alors comme si vous étiez confronté à une réalité ordinaire, qui ne vous pose pas de problème, dans laquelle vous êtes habituellement à l'aise. Or, il n'en est rien ; les difficultés ne vont pas disparaître comme par enchantement parce que vous l'avez décidé.

Vous refusez de vous reconnaître tel que vous êtes, pour vous voir tel que vous n'êtes pas, peut-être tel que vous vous rêvez. Raisonner à contresens et ne pas tenir compte des risques potentiels d'un tel comportement est une erreur. En banalisant les réactions, les sentiments, les émotions que ce oui fait naître en vous, vous vous masquez vos propres faiblesses. « Ça va aller, vous dites-vous, je vais y arriver quand même. » En atténuant volontairement les effets que cette décision de dire oui vont avoir sur vous et sur vos actes, vous ne tenez pas compte de la réalité et vous vous exposez au pire.

Ainsi de cette jeune secrétaire, à qui l'on avait proposé de devenir trésorière de l'association sportive de son entreprise. Elle n'avait *a priori* aucune envie de consacrer une partie de son temps à ce type d'activité. En outre, cette responsabilité lui paraissait très lourde à porter. Mais devant les pressions amicales de ses collègues, elle n'avait pas osé dire non. D'où le surgissement d'une certaine anxiété qu'elle avait combattue en minimisant considérablement son futur rôle dans l'association. « Au fond, ce n'est pas grand-chose, finissait-elle par penser, j'ai l'habitude de tenir les comptes à la maison et puis je pourrai toujours me faire aider. » Elle a dû démissionner quelques mois après avoir commis quelques erreurs de gestion, égaré un chèque et dans un état d'angoisse important. Si elle avait pu dès le départ reconnaître que son anxiété n'était pas surmontable, elle se serait épargné bien des déboires.

La solution de facilité

Il est parfois plus commode de dire oui. C'est plus facile, on ne s'engage pas, on ne prend aucun risque. Et par-dessus tout, on ne perd pas de temps à défendre son point de vue : on évite de longues discussions voire des disputes. C'est reposant, on reste bien tranquille dans son coin. C'est confortable, on passe pour un être sans problème, indulgent, facile à vivre, tolérant. Mais tolérance n'est pas complaisance et on perd vite le sentiment d'être un individu à part entière. À cette autodépréciation s'ajoute vite la déconsidération de la part des autres. S'ils apprécient un moment ce type de conduite, ils ont vite fait de vous trouver trop gentil, en somme une bonne poire. Et ils ne vous respectent plus, voire vous méprisent, d'avoir aussi peu de personnalité, d'être aussi terne. En outre, comment garder confiance en quelqu'un qui répond systématiquement par l'affirmative ? Si vous dites oui en pensant non, et ne faites pas ce qui a été prévu, qui pourra vous croire ? Par la suite, votre crédibilité d'éternel consentant sera remise en cause. Par ailleurs, en filant doux, on obtient rarement ce qu'on voudrait... à part la paix. Si dire amen est une façon d'échapper au stress, on s'en crée un autre plus important après. Finalement, cette attitude se révèle peu avantageuse.

Gilles a depuis très longtemps décidé de n'intervenir qu'en cas d'extrême urgence, de ne prendre position que si la terre s'écroule. « J'ai la flemme, prétend-il. En somme, moins je fais de vagues, mieux je me sens. Depuis cinq ans, je travaille dans mon coin, j'obéis et je me tais. J'ai des collègues qui sont arrivés en même temps que moi. Eux, ils ne se laissent pas faire ; ils interviennent, mettent leur grain de sel, râlent mais à bon escient ; et ça marche... Ils ont eu des promotions, des augmentations alors que moi je végète, je suis malheureux et mécontent. »

Il est peut-être plus simple de dire non

Que la manœuvre dilatoire soit effective (comme éviter quelqu'un dans le couloir), ou juste envisagée, et quelle que soit la façon dont vous tentiez de vous en débarrasser, le « J'aurais dû dire non » chuchote en vous et peut même devenir envahissant, conduisant au regret et à la culpabilité. Ainsi, alors que sur l'instant, vous pouvez encore tromper votre interlocuteur, par exemple en lui mentant ou en l'évitant, vous ne pouvez vous tromper vous-même ni d'ailleurs votre corps qui va se manifester à travers tous les signes physiques dont nous avons déjà parlé.

Où cela nous mène-t-il, vous demandez-vous, puisque quelle que soit la conduite adoptée face au non, on baigne obligatoirement dans l'anxiété, le malaise ? Néanmoins, nous voyons poindre un embryon de réponse : les mauvaises solutions (comme l'évitement, la fuite, le mensonge, la banalisation) produisent des effets plus nocifs que ceux liés à l'expression d'un « simple » non.

Dans le premier cas, vous n'échapperez pas à l'anxiété ; dans le second cas, vous pouvez espérer qu'elle va, un jour, s'atténuer et probablement disparaître. À condition d'apprendre à dire non. Cela ne veut pas dire que ce processus d'apprentissage se fera sans anxiété. Mais plus vous vous entraînerez à dire non d'une façon adaptée, plus les manifestations anxieuses et le malaise diminueront tandis que votre confiance en vous augmentera. Nous y reviendrons dans le chapitre VI.

La volonté de changer

Reconnaître que vous avez un problème pour dire non est primordial, avant même de songer à chercher des solutions de remplacement. Et surtout, reconnaître que vous pouvez avoir des réactions comme celles que nous avons évoquées. Ce type de constatation n'est ni évident ni simple. Si la timidité paraît encore acceptable, l'irritabilité, la bouderie, l'agacement, les sautes d'humeur, la passivité n'ont pas bonne presse. Personne ne souhaite se dépeindre ainsi. C'est néanmoins une étape obligatoire qui vous permettra de vous voir tel que vous êtes, ni pire ni meilleur qu'un autre, et d'ailleurs de vous rendre compte que la situation n'est peut-être pas si catastrophique, que vous n'êtes pas aussi handicapé que vous le pensiez de prime abord.

Essayer de voir plus clair en soi ne suffit pas. Il faut aussi essayer de repérer les situations dans lesquelles vous n'osez pas dire non et les personnes face auxquelles le oui s'impose toujours. Établir ce type de liens permet d'identifier plus précisément les difficultés. À qui ne parvenez-vous pas à dire non ? À vos enfants, à votre conjoint, à vos amis, à votre patron, à vos clients, aux commerçants ? Quel genre de demande n'arrivez-vous pas à refuser ? Rendre un service, rester plus tard au bureau, accepter une sortie ou les caprices de vos enfants ? Arrivez-vous à alterner le oui et le non ? Au bureau, avec votre famille, avec vos amis ? Quel est votre degré de tolérance à la pression qu'on exerce sur vous ? Certains ont du mal à résister au chantage affectif de leur mère qui les supplie de venir déjeuner tous les dimanches, d'autres ne parviennent pas à résister à une vendeuse qui les persuade d'acheter des chaussures trop étroites. D'autres, pour plaire à leur patron, font une formation qui ne leur convient pas. Quelles sont les retombées ? Anxiété, mécontentement, insatisfaction, déception, colère, insomnie, perte d'appétit ?

Si la volonté d'agir en conséquence succède à cette prise de conscience, vous êtes sur le bon chemin du changement, sous réserve que cette décision de remplacer vos vieux modèles de conduite soit réaliste. Si les résultats ne correspondaient pas à vos attentes, vous pourriez vous sentir frustré, découragé, démoralisé et vous demander : « Pourquoi faire un effort s'il est condamné à ne pas réussir ? Pourquoi essayer encore pour aboutir à un nouvel échec ? »

Il faut d'abord considérer qu'il y a une grande différence entre frustration et échec au sens propre du terme. Si vous avez reconnu que vous avez quelque difficulté à dire non et que cela pèse sur votre bien-être, le seul *véritable* échec est de refuser de changer. Accepter une telle situation consiste, en fait, à nier toute forme d'espoir, érode votre optimisme et votre confiance dans le présent comme dans l'avenir. Cela peut même entraîner des périodes de dépression et vous figer dans des comportements de plus en plus difficiles à supporter.

La frustration, comme nous l'entendons, est bien différente. La frustration n'est pas l'échec. Dans les situations difficiles, elle peut refléter vos insuffisances mais, dans le même temps, si elle n'est pas excessive, elle peut servir de moteur, déclencher le désir de résoudre vos problèmes et vous inciter à lutter pour y réussir. Elle peut être le signe avant-coureur d'un défi lancé à vous-même, et devenir la composante essentielle du changement. Plutôt que de marquer une situation désespérée, la frustration peut être la marche vers un progrès possible. Souvenez-vous de l'enfant faisant ses premiers pas ; sa frustration, quand il tombe, s'accompagne du plaisir de se relever et du triomphe de se tenir debout. L'un ne peut exister sans l'autre. Il en va de même pour vous. Remplacer de mauvaises stratégies par une conduite plus dynamique, plus gratifiante, peut paraître difficile au début. Mais, si vous comprenez que la frustration peut accompagner le progrès, votre capacité à changer s'en trouvera considérablement renforcée.

Progressivité et réalisme

Bien évidemment, vous ne pourrez vous débarrasser de votre incapacité à dire non du jour au lendemain. Tout changement d'habitude et de comportement demande de la patience et du temps. Sachez l'accepter et surtout donnez-vous des objectifs réalistes, c'est-à-dire des objectifs que vous pouvez réaliser dans 90 % des cas. Rien n'est pire que des objectifs trop ambitieux quand on entreprend de changer son comportement. Même si ces objectifs sont minimes, les réussir vous rassurera et vous permettra petit à petit de prendre de l'assurance. Commencez par les non les moins difficiles à exprimer pour vous et progressivement passez à des non qui vous posent plus de problèmes. C'est à vous de voir, en fonction de votre propre grille d'anxiété. Nous y reviendrons dans le chapitre suivant.

Des méthodes concrètes pour accomplir ce changement vous seront proposées dans les chapitres suivants. Mais au préalable, nous vous conseillons, quand vous vous trouvez dans des situations où vous ne pouvez dire non :

— de constater et de préciser votre malaise ;

— de reconnaître vos conduites d'évitement, votre penchant à raconter des histoires ou votre passivité ;

— d'évaluer la situation à sa juste mesure, de relativiser ce qui n'est pas dramatique et de ne pas banaliser ce qui peut être risqué ;

— d'affirmer votre volonté de changer ;

— d'identifier votre seuil de tolérance : lorsque la conduite d'un individu vous déplaît, posez-vous la question suivante : « Vais-je pouvoir tolérer toute ma vie ce genre de comportement ? » Si la réponse est négative, dites-vous que cela suffit. Et refusez tout de suite ;

— de penser à tout ce à quoi le oui va vous engager : pesez les avantages et les inconvénients ;

— de distinguer demande et demandeur. Répondre non, c'est rejeter une proposition et non celui qui l'exprime.

Si vous arrivez déjà à vous mettre ce scénario dans la tête, vous serez sur le bon chemin du non.

Si nous insistions ainsi sur la progressivité et la frustration, c'est afin de vous préparer à un changement réaliste. En effet, quand on souhaite changer quelque chose dans sa vie, on abandonne souvent à cause de la frustration, confondue ici avec l'échec. Et, quand on réalise que le changement prend du temps, on devient impatient et on cesse très vite de lutter. Mais reconnaître et accepter dès le départ que la frustration et l'impatience sont au cœur même du processus de changement augmente considérablement les chances de succès.

Les réactions des autres

Votre changement va provoquer des réactions chez les autres, il faut que vous le sachiez. Une fois encore, il vaut mieux vous y préparer plutôt que de rester sidéré et abattu. Vos interlocuteurs peuvent se montrer surpris, étonnés, consternés, perplexes. Ils peuvent exprimer de l'incompréhension, du plaisir, de la colère, de l'exaspération ou de l'approbation. Ils risquent de vous trouver moins cool, détaché, indifférent, égoïste. C'est plutôt un bon présage : vous commencez à vous écouter, à prendre en compte vos désirs et vos besoins.

Le type de réponses que votre non va induire dépend de la nature des liens que vous entretenez avec votre interlocuteur. Est-ce un intime, un étranger ou un supérieur qui peut vous sanctionner sur votre lieu de travail ou quelqu'un dont vous souhaiteriez vous rapprocher ? Ceux avec lesquels vous avez une longue « histoire de oui » seront probablement plus difficiles à convaincre que ceux que vous connaissez moins bien ou depuis moins longtemps. La personnalité de votre interlocuteur entre également en ligne de compte. Est-ce une personne connue pour ses talents de diplomate ou au contraire pour ses propensions à l'autorité ? Est-ce quelqu'un qui est sujet à des sautes d'humeur ou quelqu'un d'humeur égale ?

L'espace dans lequel vous direz non va également influencer le type de réactions que vous allez susciter. En public, les réactions sont généralement plus contrôlées, que ce soit en salle de réunion ou au foyer de l'opéra. En privé, en famille, les réactions peuvent être plus vives.

Mais votre non peut aussi ne pas rencontrer d'opposition ; il peut, à votre grande surprise et satisfaction, être simplement et naturellement accepté.

Bien cibler

Dans tous les cas, quel que soit l'interlocuteur, il faut avant tout que vous ayez défini vos objectifs et que vous les énonciez clairement, nettement aux autres.

Vous louez votre studio à un étudiant qui vous propose de refaire les peintures en échange de deux mois de loyer. Si vous répondez : « Peut-être, oui, je vais voir, je vais réfléchir, c'est intéressant, pourtant il faut que j'y pense. Rappelez-moi, mais je ne suis jamais chez moi, je ne sais pas, etc. », votre message est flou et il est évident qu'il passera plus difficilement que s'il est concis et précis.

Vous devrez aussi vérifier que l'autre a bien compris la teneur de votre message afin d'éviter les malentendus et les manipulations. En principe, un message clair devrait être bien compris par l'autre. Ce n'est pas toujours le cas et vos propos peuvent être déformés. Soit l'autre interprète de bonne foi ce que vous lui avez dit, soit il « n'entend pas » et persiste dans son attitude ou dans son raisonnement. Quand vous direz non, assurez-vous que l'autre a bien compris tout simplement en le lui demandant d'une manière ou d'une autre.

Pensez également que votre interlocuteur a des sentiments, ressent des émotions, vit ses propres conflits. Essayez d'en tenir compte en évitant de le blesser personnellement ; en un mot, respectez-le.

Un non n'en vaut pas un autre

Quand vous direz non, il faut également savoir quel type de non vous allez exprimer. Comme il n'y a pas deux gènes semblables, il n'y a pas deux non semblables. Certains sont plus faciles que d'autres. Il y en a de quasiment automatiques, d'autres douloureusement difficiles. D'autres encore sont inutiles. À ce propos, comme nous le suggérions dans le chapitre I, ne vous battez pas contre les moulins à vent, ne faites pas d'efforts démesurés pour obtenir des résultats dérisoires. Il est parfois préférable de ne pas s'obstiner dans des refus qui n'apportent pas grand-chose, il faut savoir reculer.

Un non contenu depuis longtemps et chargé émotionnellement (dire non à un ami qui vous demande chaque semaine de jouer aux cartes avec lui) diffère d'un non spontané et impulsif (dire non à un représentant à domicile qui veut vous vendre une encyclopédie). Un non brutal qui surgit après une série de « oui, oui » est plus surprenant qu'un non sans préambule. Un non radical ferme la porte, alors qu'un non signifiant « On verra dans quelque temps » ou « pas maintenant » laisse la porte entrouverte.

Un non préparé, auquel vous avez pensé et que vous avez prévu, peut vous rendre la vie plus facile.

La MESORE

À ce propos, vous pouvez toujours imaginer ce que William Ury appelle une MESORE (Meilleure solution de rechange) qu'il assimile à une « porte de sortie », ce qui peut représenter pour vous une alternative à une situation bloquée ou embarrassante. Quand vous aurez à dire non, préparez une MESORE adaptée et réaliste qui vous permettra à l'avance de vous sentir rassuré (« Je pourrai toujours m'en sortir si la situation tourne à mon désavantage »), de défendre vos intérêts et d'éviter parfois des discussions longues et difficiles.

Vous voulez vendre votre voiture et un acheteur vous en propose un prix ridicule. Pensez que vous pouvez trouver d'autres acheteurs ou tout simplement conserver votre vieux modèle qui ne marche pas si mal. Si votre mère vous invite à un concert auquel vous n'avez pas envie d'assister ; si vous ne pouvez absolument pas refuser, vous pouvez toujours y aller et lui dire que vous serez obligé de partir avant la fin du spectacle.

Le non… mais

Un autre type de non, sur lequel nous voulons attirer votre attention est le « Non, mais... ». Ce non est celui du compromis et de la négociation, qui permet d'exprimer ses différences tout en évitant les altercations. C'est un non intermédiaire, qui n'est pas irrévocable, qui est ouvert à d'autres alternatives. Dans la plupart des cas, le « Non, mais... » vous dispense de vous prononcer d'une manière définitive et, en même temps, vous préserve de votre habituelle complaisance. C'est souvent un non facile à exprimer puisqu'il est, par nature, temporaire.

Un de vos amis veut donner une fête dans son jardin, à laquelle vous êtes invité. La veille, la météo prévoit froid hivernal et pluies diluviennes. Il vous appelle pour vous demander si la fête pourrait avoir lieu chez vous. Vous aimez bien rendre service et, en temps habituel, vous auriez été d'accord ; mais, à cet instant précis, vous ne vous sentez pas capable de faire cet effort. Vous pouvez répondre : « Non, mais... je serai ravi d'organiser une fête à une date ultérieure » ou encore : « Non, mais... pourquoi ne demandes-tu pas à X » ou même : « Non, mais... je serai ravi de t'aider si tu trouves une autre solution. »

Le « Non, mais... » possède des ressources infinies de cordialité et de courtoisie. Comme il ne souligne pas le refus et braque plutôt les projecteurs sur la proposition alternative, la réponse paraît moins brutale et se révèle plus ouverte. L'attention de votre interlocuteur se porte du « non » au « mais », de sorte que le non est amorti voire protégé par le « mais » et qu'il a, de ce fait, moins d'impact. C'est d'ailleurs pourquoi ce non est souvent utilisé dans les négociations pour renforcer la qualité de la communication et encourager le dialogue. En préparant votre non, demandez-vous : « Y a-t-il des alternatives que je puisse proposer en lieu et place de mon désaccord ? »

Mais attention, si vous amortissez trop votre non, vous pouvez passer pour un indécis. La réponse, « Je dis non maintenant, mais je vais y penser », suggère souvent un possible reniement. Votre interlocuteur peut alors comprendre que vous allez changer d'avis et vous rallier à son projet. Ce qui nous amène à ce point essentiel : êtes-vous certain de vouloir dire non ?

Dire vraiment non

Toutes les analyses, les suggestions et les conseils de ce livre auront peu d'impact si vous demeurez incertain quant à ce que vous voulez faire ou dire. Votre non sera vulnérable s'il n'est pas soutenu par votre volonté. À l'indécision s'attache toujours le risque d'être mis en question. Un non inconsistant est comme un tigre de papier : de loin il paraît puissant, mais de près, il est fragile et facile à éliminer. Un vrai non, pour être efficace, doit être accompagné d'une forte certitude intérieure. Un non mou, rien ne le soutient. Un non qui n'est pas accompagné d'une solide conviction est un non qui sera balayé.

Un non inconsistant diminue la qualité de la communication et peut même mettre en question la précision et la vérité du dialogue dans lequel il prend place. Si votre non n'est pas un vrai non, peut-être certaines de vos paroles sont-elles tout aussi relâchées, molles ou encore, de façon latente, associées à votre ambivalence. Le non doit être légitime, on doit le ressentir.

Pour éviter de donner des non inconsistants, identifiez clairement ce que vous ne voulez pas, ce qui est pour vous inacceptable et contraire à vos intérêts. Si vous êtes très indécis, ne vous forcez pas à tout refuser en bloc, reportez peut-être votre non à plus tard jusqu'à ce que la situation se soit décantée.

Mais si vous êtes sûr de votre non, alors n'hésitez pas et mettez-vous à l'ouvrage.

Enfin, reconnaissez qu'en disant vraiment non, vous allez gagner du temps et de l'énergie, sans parler du respect que vous allez finir par inspirer aux autres.

V

Prise de conscience

De quoi faudrait-il prendre conscience et pourquoi ? Ne sommes-nous pas persuadés d'avoir depuis longtemps repéré nos failles et nos points faibles ? D'ailleurs, toute évocation de problèmes liés au non provoque invariablement l'exclamation : « C'est exactement moi », ce qui supposerait d'une part, une intime expérience de ce type de situation et d'autre part, une intuition voire une compréhension d'un dysfonctionnement personnel.

Comprendre son mode de fonctionnement

Naturellement, c'est là que le bât blesse. S'il est possible de décrire assez exactement les circonstances dans lesquelles il s'avère embarrassant de dire non et de désigner les partenaires qui gèlent le non sur nos lèvres, s'il est encore concevable d'avouer un malaise, de faire allusion à des réactions de colère, d'indignation, de honte, tous ces phénomènes demeurent malgré tout énigmatiques et confus. Quand il s'agit de les approfondir, surgit un blocage assorti d'un sentiment d'impuissance à comprendre quoi que ce soit et à changer quoi que ce soit. Nous nous enfermons alors dans nos contradictions qui s'apparentent rapidement à un cercle vicieux : « Je suis anxieux parce que je n'arrive pas à dire non et je n'arrive pas à dire non parce que je suis anxieux. »

En réalité, nous nous sentons découragés, convaincus à l'avance que nous avons toujours été comme cela et le resterons, ce qui écarte tout désir et envie de nous arrêter un moment sur notre propre cas et d'y réfléchir. Outre qu'il est difficile et complexe de se comprendre réellement, le manque de distance vis-à-vis de notre monde intérieur nous détourne de l'auto-observation et de l'autoanalyse. Nous vivons nos problèmes sans le recul nécessaire, en nous jugeant incapables de les saisir et sans moyens pour les corriger.

Nous voici parvenus au cœur même de notre recherche. Il est temps d'affronter la question de ce que vous ressentez vraiment, de porter un autre regard sur votre fonctionnement intime, de tenter d'y voir clair en étant plus lucide et attentif. Il va falloir apprendre à comprendre ce qu'il y a derrière : une approche qui permet de nommer, de prendre conscience des manifestations qui sont au sein même de la difficulté à dire non et d'écarter les explications toutes faites ou inconsistantes.

Si une façon simplificatrice de résoudre un problème est de le considérer comme inexistant, la seconde impasse, tout aussi simplificatrice, consiste à recourir à des solutions utopiques, inaccessibles. Les encarts publicitaires qui vous promettent une transformation et une amélioration radicales de votre personnalité en l'espace de huit jours sont foncièrement mensongers. Notre propos est tout autre ; il requiert un certain nombre d'étapes qui vont vous faire avancer dans votre compréhension personnelle et changer, mais en douceur, très progressivement. Certaines théories psychologiques récentes vont vous aider à prendre conscience de liens existant entre vos modes de pensée et vos réactions.

S'observer en écrivant

La première phase de ce travail sur soi consiste en une auto-observation qui va contribuer à mettre en évidence ce qui se passe en vous quand vous avez du mal à dire non. S'observer est une tâche délicate car, le plus souvent, de nombreux sentiments, émotions, réactions, pensées s'entremêlent et nous avons bien du mal à faire la part des choses. Pour clarifier nos actions « à problème », il faut les envisager à partir de trois paramètres qui sont en interaction et s'influencent mutuellement, comme le montre le schéma suivant :

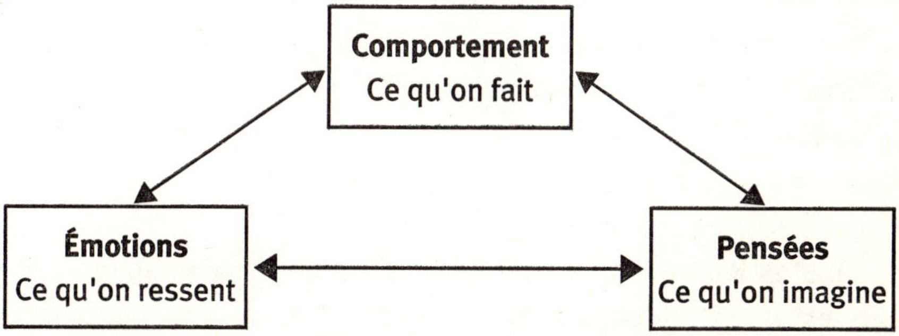

Par exemple, si votre sœur vous demande de garder ses enfants pendant le week-end, votre fonctionnement global peut être analysé de la sorte :

— Émotions : anxiété avec palpitations, gorge serrée.

— Pensées : elle va mal le prendre si je refuse.

— Comportement : paroles confuses et embrouillées, tremblements.

Ces trois dimensions vont alors interagir les unes sur les autres : plus vous percevrez votre tension physique, plus vos pensées vont s'accélérer et plus elles vont à leur tour aggraver les manifestations d'anxiété, et ainsi de suite.

Pour simplifier votre tâche, nous vous conseillons de noter ces trois réactions dans un cahier qui vous servira de journal de bord. En les écrivant, vous les placez en pleine lumière, vous pouvez les visionner, les analyser, les étudier. Écrire nous permet souvent d'objectiver des états subjectifs. C'est un pas de plus qui nous aide à devenir conscients de nos idées, de notre comportement et de nos sentiments. Nous oublions souvent ce que nous pensons, vivons. Mais ce que nous écrivons, nous allons nous en souvenir et devoir l'assumer. En écrivant ce qui se passe quand vous ne pouvez pas dire non, vous commencez à vous prendre en charge. C'est encore une façon d'avoir du recul et, sans vous transformer en notaire pointilleux, d'être plus précis et d'y voir plus clair. Nous allons rencontrer ci-dessous plusieurs situations où vous pouvez utiliser avantageusement votre cahier.

L'anxiété

Toutes les situations liées au non ont un point commun, l'anxiété excessive qu'elles provoquent en vous, et impliquent une double menace : d'une part, votre interlocuteur et sa demande, d'autre part, votre incapacité à vous défendre en répondant négativement.

Votre père vous demande de vous lever tôt un matin alors que vous êtes très fatigué. Votre patron vous prie de rester plus tard au bureau alors que vous devez aller chercher votre enfant à l'école. Dans ces deux cas, vous voilà bien embarrassé, déjà anxieux. Mais, dans la mesure où vous savez que vous n'oserez pas dire non, votre anxiété va encore se renforcer.

Il faut bien différencier l'événement qui déclenche la réaction d'anxiété (le stresseur), qui vous est extérieur, de l'anxiété elle-même qui est la réaction de votre organisme et se produit en vous. L'anxiété est une appréhension envahissante et peu contrôlable face à des événements particuliers qui vous prennent souvent de court et auxquels il faut s'adapter et répondre en général rapidement. Si l'on en considère uniquement l'aspect négatif, son retentissement se manifeste à plusieurs niveaux qui interagissent en permanence :

— au niveau du corps : malaise avec battements de cœur, sensations d'étouffement, tensions musculaires, voix tremblante, rougissement, gestes plus saccadés ;

— au niveau du comportement : désorganisation avec apparition de conduites agressives ou d'évitement, d'inertie ;

— au niveau des pensées : confusion avec difficultés à rassembler ses idées, à raisonner, à se concentrer.

Pour couronner le tout, vous vous sentez sur le plan émotionnel irritable, diminué, épuisé.

Évaluer l'anxiété

La manière dont vous appréciez le stresseur et surtout dont vous envisagez les solutions acceptables va déterminer votre réaction anxieuse. Selon le psychologue Lazarus, cette évaluation comporte deux phases : une première évaluation où vous estimez le caractère désagréable, inquiétant ou insupportable de la situation. Une seconde évaluation où vous allez juger de votre aptitude à y faire face. Ces deux évaluations sont en interdépendance étroite. Moins vos capacités à faire face sont solides (ce qui est souvent le cas des personnes ne pouvant dire non), plus le stresseur vous paraît menaçant.

Votre fils veut fêter son succès au bac et vous demande de laisser à sa disposition votre appartement pour une soirée, précisément le jour où vous souhaitez rester tranquillement chez vous, après une dure semaine de travail. L'idée de vous cloîtrer dans votre chambre ou pire, de devoir sortir pour laisser la place à une meute de jeunes gens déchaînés vous déplaît fortement : première évaluation. Mais, par ailleurs, vous vous sentez bloqué, incapable de refuser quoi que ce soit à votre fils, d'autant plus qu'il vient de réussir brillamment son bac : deuxième évaluation, d'où un surcroît d'anxiété devant ce non irréalisable et l'impression de ne rien maîtriser.

Il faut bien comprendre qu'entre l'élément déclencheur (le stresseur) et votre réaction intervient toujours votre évaluation, c'est-à-dire votre appréciation subjective de la situation et de vos facultés à y répondre. Chez l'être humain, le schéma prédictif « même stimulation, même réponse » n'existe pas. Vous n'êtes pas une grenouille ni un chien dont on observe toujours les mêmes réactions face aux mêmes stimuli. On ne peut réduire les faits psychiques aux comportements, il n'y a pas de pensées ni d'actes sans signification. Il intervient toujours une réinterprétation de la réalité sur laquelle vous projetez ce que vous êtes et ce que vous ressentez ; la qualité de vos réponses en dépend. Et c'est à cela que vous devez attacher de l'importance, dont vous devez tenir compte pour apprécier une situation.

Une autoévaluation consiste à estimer l'intensité de vos réactions personnelles face à des événements générateurs d'anxiété. L'échelle d'évaluation de l'anxiété est graduée de 0 (le moins anxiogène) à 10 (le plus anxiogène).

|------|------|------|------|------|------|------|------|------|------|
0 1 2 3 4 5 6 7 8 9 10

0 = état de détente
3 = état d'anxiété relativement bas
5 = état de malaise moyen
7 = état de malaise important
10 = état de panique

En cotant votre anxiété sur cette échelle, vous visualisez et ciblez plus objectivement les situations à problème. Grâce à cette auto-observation, vous allez quantifier l'ampleur de vos réactions anxieuses et prendre conscience des circonstances et des personnes les plus stressantes. Cette pondération vous permet de nuancer votre tendance au catastrophisme, du style « tout me stresse » et de vous rendre compte que toutes les situations n'entraînent pas le même degré d'anxiété.

Par exemple :

10 Dire non à son patron
8 Dire non à sa mère
5 Dire non à un commerçant
1 Dire non à un représentant

Insérez et conservez cette échelle d'anxiété dans votre cahier. Quelque temps après avoir intégré et pratiqué les conseils contenus dans cet ouvrage, cotez à nouveau votre anxiété et repérez les progrès effectués.

Être à l'écoute de vos pensées négatives

Reconnaître ses stresseurs et quantifier son anxiété n'est pas suffisant. Il faut poursuivre votre enquête en vous penchant sur un autre phénomène qui survient automatiquement à l'occasion du non : les pensées négatives. Ces monologues intérieurs se produisent spontanément et en permanence face aux situations difficiles.

En voici quelques échantillons :

— Mon refus va vexer, attrister, contrarier l'autre.

— L'autre va se sentir rejeté.

— Mon refus va entraîner un conflit.

— Si je refuse, je suis égoïste.

— L'autre va se fâcher, m'en vouloir et me refusera tout par la suite.

— Je n'ai pas le droit de refuser : si on me fait une demande, c'est que c'est important.

— Ça ne marchera pas, c'est inutile de refuser.

— Je suis trop nul pour arriver à refuser.

— Je vais être ému et cela va se voir.

— Je vais donner une mauvaise image de moi.

Évaluer ses pensées négatives peut sembler moins facile que d'évaluer son anxiété qui est, en général, immédiatement perceptible. Mais avec un peu d'entraînement vous arriverez à les repérer.

Tout d'abord, apprenez à les reconnaître : elles peuvent être fugitives, elles apparaissent et disparaissent tout aussi rapidement. Vous les remarquez à peine. Ou encore, elles ont un tel caractère d'évidence que vous les acceptez telles quelles sans chercher à les critiquer, surtout dans leur dimension interprétative (« Si elle m'invite pour son anniversaire, c'est qu'elle est amoureuse de moi »), ou prédictive (« Si je dis non, on va se moquer de moi »). Ou, au contraire, elles vous envahissent à travers des autoreproches (« Je n'ai pas pu dire non, je suis vraiment nul ») et des ruminations lancinantes (« Je dois dire non, mais c'est difficile et si je dis oui, je ne pourrai pas me sortir de cette situation, mais comment faire pour dire non, etc. »).

Il est particulièrement délicat et pénible de revenir sur ce type de pensées. Et pourtant, il va falloir prendre conscience de ces idées négatives souvent rigides et sans nuance qui semblent s'imposer à vous.

Là encore, reprenez votre cahier et notez vos pensées négatives en les associant aux émotions éprouvées. Par exemple, lorsque votre père vous demande de l'accompagner à l'aéroport alors que vous êtes déjà surchargé de travail, vous trouvez difficile de refuser. Lorsque vous analysez la situation, vous remarquez que vous avez une boule dans la gorge, en refoulant ce non qui pourrait fâcher votre père. Si votre frère vous demande de mentir à sa femme pour une raison ou une autre et que vous ne pouvez lui dire non, vous remarquez que vous tremblez et pensez qu'il n'y a qu'à vous que de telles choses arrivent.

Situations	Date	Émotions	Comportement	Pensées négatives
Père aéroport	3/4/2005	Boule dans la gorge	Bafouillage	Il va se mettre en colère.
Frère mensonge	6/6/2005	Palpitations	Tremblement	C'est toujours sur moi que ça tombe.

En les écrivant, vous saisirez mieux la complexité de vos actions « à problème ». Vous comprendrez que ces discours que vous vous adressez, immuables et tyranniques, déterminent vos comportements auxquels ils interdisent toute modification. Si vous pensez toujours dans les contextes où le non est difficile et angoissant, « On ne va plus m'aimer si je dis non », vous avez peu de chance d'arriver un jour à dire non. Cette petite musique intérieure, à laquelle on ne prête pas toujours attention, peut survenir à tout moment et traduit notre manière de traiter l'information. Selon des spécialistes de la communication, un individu reçoit dix mille impressions sensorielles par seconde (qu'elles proviennent de l'extérieur ou de nous-mêmes). Il faut donc choisir entre l'essentiel et le non-essentiel pour éviter d'être submergé.

Les déformations de l'information

Cette sélection, dont les idées négatives sont le résultat visible, l'élément superficiel, paraît largement induite par ces paramètres peu conscients que sont les mécanismes de déformation de l'information. La psychologie cognitive – qui étudie la manière dont nous recevons et traitons les informations sur nous et sur le monde – en a regroupé un certain nombre sous le terme de « distorsions de la réalité ». Elles témoignent de troubles du fonctionnement de la pensée logique et correspondent à des erreurs de jugement. Leur caractère inadéquat fait ainsi obstacle à une analyse plus valide et efficace des situations.

Essayez de repérer les vôtres :

— **La prédiction négative** : vous imaginez sans preuve une réaction négative.

« Si je lui dis non, il va mal le prendre. »

— **La généralisation** : à partir d'un fait unique, vous imaginez des conséquences générales. Quelqu'un vous demande de lui prêter de l'argent, vous pensez : « Si je réponds oui, il va me demander de lui prêter ma voiture, ma maison, et cela durera toute la vie. » Cependant, vous n'osez pas dire non.

— **La personnalisation** : vous exagérez l'importance des liens existant entre vous et une situation défavorable. Devant l'insistance d'une vendeuse, vous avez acheté un pantalon importable, alors vous vous dites : « Il n'y a que moi pour me mettre dans des situations pareilles ; pour les autres, c'est sûrement plus facile. »

— **La maximalisation et la minimalisation** : vous majorez des événements négatifs et dépréciez des événements positifs.

Votre coiffeur vous a coupé les cheveux sans votre accord mais tout le monde vous trouve embellie et rajeunie ; vous n'y croyez pas une seconde et vous continuez à vous reprocher votre lâcheté.

— **La sélection arbitraire** : vous vous polarisez sur une broutille et négligez le reste.

Si votre patron, qui vous fait sans cesse des compliments sur votre travail, vous demande de rester plus tard cette semaine, vous pensez que si vous refusez, vous allez le décevoir irrémédiablement. Par conséquent, vous ne discutez même pas et opinez au quart de tour.

— **Le catrastrophisme** : vous raisonnez en termes de tout ou rien, bien évidemment dans le registre le plus alarmiste, le plus défaitiste qui soit : « Si je dis non à ma femme, elle va me quitter. »

— **Les ruminations négatives après coup** : « Je n'aurais jamais dû dire ou faire ça ; je suis au-dessous de tout. »

À travers toutes ces prédictions et interprétations, vous anticipez ou jugez négativement la situation réelle. Sachez que nos pensées ne reflètent pas forcément la réalité telle qu'elle est, mais plutôt notre vécu intérieur – « Je me sens mal, je vois tout en noir, donc ma vie est fichue ». Mais ce n'est pas parce que vous vous sentez mal ici et maintenant, que vous êtes nul et le serez jusqu'à la fin de vos jours ! Il faut prendre conscience du décalage entre nos représentations et la réalité. Même si ces pensées sont parfois partiellement vraies, elles sont la plupart du temps excessives et injustifiées, en un mot peu objectives.

Une morale individuelle

Ces idées négatives renvoient à des règles imaginaires qui façonnent depuis toujours votre manière de vous comporter, de réagir, de juger. Telle une éminence grise, elles exercent leur action mystérieusement et obscurément. En définitive, ces principes essentiels constituent une sorte de morale personnelle qui crée et entretient au fil du temps une vision personnelle et cohérente du monde, des autres et de vous-même.

En voici quelques échantillons :

« Si je veux conserver l'amour et l'amitié des autres, je ne dois pas les contredire. »

« Pour réussir dans la vie, il ne faut rien contester. »

« Pour être heureux en société ou en famille, il faut toujours être d'accord sur tout. »

« Pour s'en tirer au travail, il ne faut déranger personne. »

« Pour être accepté par les autres, il faut être comme eux. »

« Montrer ses émotions est une faiblesse. »

« Je dois être capable de tout réussir, mes difficultés proviennent de ma nullité. »

Ces grands principes forment le corps de vos exigences personnelles et reposent sur les mythes de la perfection, de l'amour idéal, du contrôle de soi et sur la loi du tout ou rien.

C'est ainsi que ces fondements archaïques de la personnalité en viennent à jouer un rôle dans nos comportements, jugements, réflexions par l'intermédiaire de ces pensées automatiques qui les reflètent après être passées par le filtre de la déformation.

Comment en prendre conscience ? Commencez par repérer l'utilisation excessive de termes directifs tels que « Je dois, il faut, je ne peux pas, j'aurais dû... ». Ces formules mettent sur la piste des croyances rigides. « J'aurais dû y penser », autrement dit vous devez être parfait et tout contrôler. « Je dois absolument le faire seul », autrement dit vous devez toujours vous débrouiller sans aide extérieure. « J'aurais dû le savoir » autrement dit vous devez tout comprendre. « Il faut que je leur fasse plaisir », autrement dit, vous devez tout faire pour être aimé.

L'influence des mots n'est plus à démontrer (nous énonçons en moyenne vingt mille mots par jour). La manière dont on parle retentit sur les pensées et sur les actes. On finit par devenir et par faire ce qu'on exprime. Ainsi, plus vous utilisez ces termes moralisateurs, plus ils s'ancrent dans vos pensées et s'inscrivent dans vos réactions.

Face à face

Vous êtes maintenant entraîné à vous observer comme un astronome qui étudie et suit les étoiles dans le ciel. Mais ce n'est pas suffisant, il va encore falloir fournir un effort. En effet, vos réactions, vos comportements, que vous avez appris à repérer, ne sont pas nés « ex-nihilo », mais à l'occasion d'un face-à-face. Ces manifestations que vous avez notées, enregistrées, se rattachent toujours à une communication interpersonnelle et se produisent avant, pendant ou après un échange. Vous vivez dans un système de relations dont il faut comprendre les règles afin d'estimer les forces qui empêchent la diffusion du message ou la facilitent.

Vous allez maintenant essayer de déterminer la nature des relations qui vous unissent à autrui. Qu'elles soient superficielles ou intimes, on en dénombre deux modèles fondamentaux : la relation « symétrique », où il se crée une égalité entre les partenaires et la relation « complémentaire », où l'un des partenaires occupe une position « première ou haute » et l'autre une position « seconde ou basse ». Toutes deux supposent qu'une relation authentique peut s'établir, que ce sont deux sujets à part entière qui communiquent leurs émotions, leurs pensées, leurs désirs.

En effet, une relation symétrique implique la réciprocité dans un contexte de sécurité et de respect partagés. De même, dans une relation complémentaire, comme celle d'un parent et de son enfant, d'un professeur et de son élève, chacun se comporte d'une manière qui admet et en même temps fonde le comportement de l'autre ; il y a comme une approbation mutuelle des rôles, une solidarité où les comportements sont différents mais adaptés l'un à l'autre. Dans ces deux cas, vous pouvez, en principe, vous sentir à l'aise, communiquer et même dire non directement, sans crainte puisque ces relations fonctionnent dans la confiance et dans un respect réciproque des particularités et des différences qui peuvent se révéler et s'exprimer. La communication y est toujours ouverte et sincère, la discussion toujours possible.

En revanche, des distorsions peuvent intervenir et par leurs effets pernicieux empêcher une communication franche et directe. Quand la relation devient « pseudo-complémentaire », un des partenaires contraint l'autre à dépendre de lui, lui impose ses idées sans laisser de place pour le débat. Ce qui peut être le cas d'un mari qui ne veut pas que sa femme travaille ou d'un professeur qui ne supporte pas que ses élèves le contredisent. Si vous êtes en position « basse » et que vous ne savez pas dire non, vous aurez du mal à vous faire entendre. Si la relation devient « pseudo-symétrique », elle va être marquée par la rivalité, l'un voulant prendre le pas sur l'autre dans une escalade irrépressible. Là encore, si vous ne savez pas dire non, vous allez être rapidement débordé, l'autre vous prenant pour un objet et non plus un sujet, et ne respectant pas votre individualité ni vos particularités.

Par conséquent, soyez très attentif au mode relationnel dans lequel votre interlocuteur vous enferme : ne vous laissez pas piéger dans des relations où seul le rapport de force fait loi et où vous ne pourrez pas exprimer vos désirs ni vos refus.

Examinons le cas des relations amicales. Dans une relation symétrique, vous pourrez sans problème exprimer vos sentiments et laisser vos amis exprimer les leurs. Mais si, au contraire, vous vous trouvez dans une relation pseudo-symétrique, et que vous avez des difficultés à dire non, l'autre pourra vous manipuler et vous contraindre à épouser ses points de vue. Dans le cas d'une relation pseudo-complémentaire, où vous vous trouvez en situation d'attente par rapport à quelqu'un et à ses avis, par exemple avec un médecin, celui-ci ne va pas vous écouter, ne va pas vous laisser parler de vos problèmes comme vous le souhaiteriez, ne va pas vous laisser exprimer un doute ou un refus quant au traitement qu'il va décider de vous infliger presque comme une punition.

L'espace vital

Essayez par la même occasion de déterminer votre espace vital. C'est la distance adéquate entre vous et les autres qui vous permet de vous sentir à l'aise en société. Ce « langage silencieux » est une forme de communication non verbale dont on ignore souvent l'importance.

La façon d'occuper l'espace réglemente et structure les relations sociales. Il suffit pour s'en persuader de penser aux différences culturelles d'utilisation de l'espace interrelationnel : les Japonais se saluent à distance, sans se toucher, les Brésiliens pratiquent l'accolade dans un corps à corps affectueux, les Français se serrent la main ou s'embrassent sur les joues. En s'approchant ou en s'éloignant de quelqu'un, on révèle toujours quelque chose de soi-même, son appartenance culturelle ou sociale, mais également sa froideur, sa convivialité, son embarras, son agressivité. Malheureusement, on n'y prête pas suffisamment attention.

Imaginez une série de cercles concentriques dont vous êtes le centre.

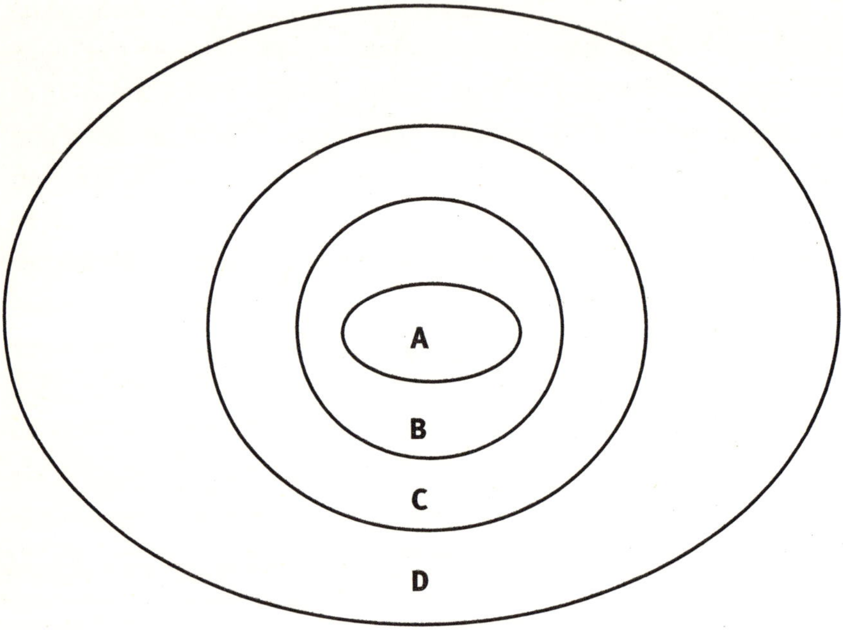

A = espace intime (15 à 45 centimètres).
B = espace personnel (45 centimètres à 1 mètre).
C = espace social (1 à 3 mètres).
D = espace public (plus de 3 mètres).

Sans avoir besoin d'utiliser un mètre (!), testez et vérifiez dans la réalité l'espace idéal dans lequel vous vous sentez le plus performant et le moins déstabilisé. Il y a certainement des distances qui vous conviennent mieux que d'autres en fonction de votre degré d'intimité avec autrui ou de la situation et de ce que vous avez à dire. Dans certains cas, si vous êtes trop près, vous pouvez vous sentir submergé, « dévoré » par votre interlocuteur ; il faut vous éloigner. À l'inverse, si vous êtes trop éloigné, vous pouvez vous sentir faible et inconsistant ; il faut vous rapprocher.

Trouver la bonne distance rend possible une certaine mobilité dans la relation, les réajustements permettant de renvoyer l'autre dans des cercles plus lointains ou au contraire de l'accueillir dans votre intimité, et ainsi de faire passer votre message plus aisément. Dans tous les cas, cela renforce votre sentiment de sécurité intérieure et votre confiance en vous.

Par exemple, si au bureau un de vos collègues vient vers vous alors que vous attendez l'ascenseur, qu'il vous prend par le bras et vous demande si vous ne voudriez pas le remplacer lors du prochain congrès, commencez par faire un pas en arrière, puis répondez-lui. L'espace créé entre vous atténuera l'atmosphère de complicité et vous rendra plus indépendant, donc plus fort contre toute manipulation. Ou bien, si vous êtes confronté à une situation difficile, vous rapprocher pour dire non atténuera la brutalité de votre réponse en la compensant par la proximité physique. Dans ces deux exemples, plus de distance donne plus de force ; moins de distance amortit le choc.

Avec qui parlez-vous ?

Vous allez essayer de prendre la mesure de votre interlocuteur, de l'évaluer en l'observant. Vous paraît-il amical ou agressif, réservé ou exubérant, naturel ou maniéré, sincère ou hypocrite ? C'est encore une fois vous mettre à distance afin d'être moins envahi par la relation et de tenter de vous en dégager. Vous décentrer vous permettra de mieux voir, de mieux entendre, de mieux juger. Il est important et nécessaire de savoir à qui vous avez affaire.

Prendre l'habitude d'enregistrer mentalement un certain nombre de signaux non verbaux et verbaux vous renseigne sur l'état interne de votre interlocuteur et vous permet de mieux adapter votre réponse. En effet, bien souvent, le comportement extérieur reflète des variations intérieures. Vous serez parfois surpris de vous apercevoir que l'autre n'est pas aussi à l'aise que vous le supposiez. De votre position d'observateur, vous pouvez constater qu'il est tendu (mâchoires crispées, mains tremblantes), qu'il rougit, que son débit verbal s'accélère, qu'il ne trouve pas ses mots.

Vous pouvez aussi chercher à repérer les stratégies de votre interlocuteur. L'insistance de sa demande, qui vise à épuiser votre énergie ; il n'y a pas d'autre choix que celui qu'il vous assène avec ténacité. L'intimidation qui vous place dans un malaise tel que vous ne pouvez refuser : « Si tu ne peux pas me loger ce soir, tu n'es plus mon amie. » La flatterie qui joue avec votre ego : « Cette robe vous va si bien, vous allez séduire la terre entière... » Le jeu de dupes où l'on abuse de votre bonne foi en pratiquant le chantage affectif : « Si tu ne viens pas tout de suite, je vais avoir un malaise. » La requête de dernière minute : vous venez d'accepter à contrecœur de venir dîner et on vous demande d'apporter le vin et le dessert. En un mot, on vous manipule et, la plupart du temps, vous vous laissez faire.

Sans en arriver à un interrogatoire maladroit qui provoquerait des réactions hostiles, vous pouvez demander à l'autre ce qu'il désire exactement. Collecter des informations plus précises vous donnera du temps pour réfléchir... et des arguments pour un non éventuel. Vous partez en vacances et votre mère veut que vous lui téléphoniez tous les soirs à 20 heures précises. N'hésitez pas à lui demander quelques explications sur cette exigence : pourquoi exactement à 20 heures ? Un soir sur trois n'est-ce pas suffisant ?... Si elle vous parle alors de son anxiété, de ses soucis et si vous l'écoutez avec intérêt et patience, cela suffira sans doute à désamorcer vos angoisses respectives, que vous pourrez alors partager.

Par ailleurs, cela peut vous permettre de vérifier que vous avez bien compris le message de votre interlocuteur. Une de vos amies qui déménage se plaint d'être fatiguée et peu aidée. Vous pouvez en déduire qu'elle souhaiterait votre collaboration, ce qui vous panique parce que vous êtes débordée et qu'en même temps vous ne vous sentez pas le courage de lui dire non. Mais, en discutant avec elle, vous comprendrez qu'elle attend avant tout que sa famille l'assiste davantage et pas du tout que vous l'aidiez à ranger et à transporter ses affaires.

Maintenant, vous êtes à même de porter sur vous et les autres un regard différent, un regard neuf. Que faire de ces informations ? Tout ce que vous avez mis à jour, il va falloir l'utiliser. Vous vous êtes découvert, reconnu... eh bien changez maintenant !

VI

Changer, mode d'emploi

Il est possible qu'après vous être évalué, vous ayez une conscience plus nette de vos problèmes... et plus du tout envie de changer, que tout cela vous paraisse inutile ou bien trop complexe ou trop difficile. Même si c'est le cas, ne refermez pas ce livre maintenant – sinon quelque temps pour souffler – et donnez-vous une chance, non pas de repartir à zéro, une autre utopie, mais de repartir du bon pied, plus confiant, en possession d'armes qui vous permettront enfin d'oser dire non. Pensez que si vous voulez vous dégager des pressions internes et externes, dont vous faites l'objet ou dont vous vous êtes fait l'objet depuis si longtemps, vous devez montrer de la détermination et avoir un peu de patience. Faites table rase de votre tendance au défaitisme et... allez-y.

Ce chapitre va vous donner les moyens de vous transformer. Il faut insister une nouvelle fois sur la progressivité de cette transformation. Premièrement, afin d'éviter de vous décourager : de même qu'on n'apprend pas une langue étrangère en un mois, il est difficile d'apprendre à dire non en un mois. Deuxièmement, afin d'éviter les retentissements d'un changement trop brutal non seulement sur les autres, troublés de vous entendre leur dire non, mais encore sur vous-même qui débutez dans la grande aventure du non. Outre une certaine maladresse de novice bien excusable, le fait d'adopter une nouvelle conduite « osée » peut vous fragiliser momentanément.

Une de mes amies, à qui je montrais ce projet de livre, décida qu'elle allait dire non à son mari. Je la mis en garde mais rien n'y fit. Chaque été, elle devait partir en croisière sur le bateau familial, ce qu'elle supportait mal ; les vacances s'annonçaient et avec elles, la perspective abhorrée d'aller en mer. Elle prit donc son téléphone et annonça tout de go à son mari que cette croisière était pour elle une épreuve infernale, qu'elle voulait bien naviguer près de la côte mais pas plus loin... ce qui fut accepté. Quelques jours après, elle avait une crise de tachycardie et une forte fièvre ! Les retentissements d'un non, exprimé dans des circonstances qui vous tiennent particulièrement à cœur, ne seront pas toujours aussi pénibles, mais attention quand même.

Il faudra donc vous entraîner avec prudence et par étapes, en commençant par des non moins investis affectivement. Vous devrez expérimenter ces non plusieurs fois, surtout après d'éventuels échecs. Évitez les conclusions définitives après une seule tentative. Avant de vous dire « J'en suis incapable » ou « Il n'y a aucun résultat », essayez les méthodes présentées ici dans des situations diverses, avec des personnes différentes, tout en continuant à vous analyser. C'est ainsi que vous pourrez vous faire votre propre opinion sur les changements proposés. Ne vous martyrisez pas et prenez votre temps. Grâce à une pratique assidue et décidée, votre nouveau comportement deviendra un jour simple et naturel.

De plus, les méthodes que nous allons aborder ici ne constituent pas des solutions « prêt-à-porter ». Vous devrez les acquérir certes, mais aussi choisir celles qui vous semblent les mieux adaptées et pourquoi pas, les modifier. Ainsi, vous trouverez votre façon personnelle de dire non.

Détendez-vous

Nous allons revenir à l'anxiété, le lot commun des « Non ? Moi, jamais ». Comment y faire face plus efficacement, la maîtriser ou la diminuer en tenant compte de ses deux dimensions : le stresseur et votre réaction. Très naturellement, vous souhaiteriez supprimer – excluons les mauvaises solutions comme l'évitement du stresseur – toutes ces manifestations désagréables qui interviennent au niveau du corps, du comportement et des pensées. Il faudra leur substituer progressivement de nouvelles manières de réagir, mieux adaptées et plus efficaces.

C'est l'objectif de la relaxation qui, si elle ne supprime pas les sources de tension, va vous aider à échapper à ces multiples agressions ambiantes en favorisant des moments de calme psychologique et physique. Elle va libérer le corps d'une tension excessive. En effet, comme nous l'avons vu précédemment, quand vous éprouvez une émotion intense, celle-ci se traduit par des manifestations physiques désagréables. Si vous agissez sur ces paramètres (rythme cardiaque, contraction musculaire, fréquence respiratoire), votre corps deviendra beaucoup moins sensible et vulnérable à des décharges émotionnelles trop importantes. Cela va vous permettre de vous soustraire à ces états de tension, ou d'en réduire les effets en retrouvant un équilibre tant psychique que physique.

Bien que les techniques de relaxation aient été souvent vulgarisées et banalisées, nous essaierons ici de revenir aux principes essentiels. Nous nous inspirerons du training autogène (entraînement pratiqué par le sujet) de Schultz où la détente, induite par vos autosuggestions, est intégrée au relâchement du tonus musculaire, au ralentissement respiratoire et cardiaque. Il tend à vous plonger dans un état de quiétude réparatrice en supprimant des tensions tant musculaires que psychiques. Nous l'associerons à la méthode de Jarreau-Klotz, alternant contractions et détente, qui enseigne à mieux repérer les zones de tensions musculaires pour ensuite les éliminer.

Il faut apprendre à se relaxer et s'entraîner régulièrement à pratiquer un certain nombre d'exercices. Les premiers exercices se limiteront à une partie de votre corps, ce qui facilite l'apprentissage. Commencez par contracter un bras pendant quelques secondes puis relâchez et ressentez la détente. Recommencez plusieurs fois. Quand vous maîtriserez bien cette première phase, passez au corps tout entier. Cette succession de moments d'activité et de passivité, par le contraste qu'elle introduit, vous fera prendre conscience plus aisément d'une détente authentique.

En outre, vous allez rapidement réaliser que certaines zones sont plus contractées que d'autres, révélant de mauvaises postures intégrées au fil des années. Intervenez à ce niveau selon la même technique et, progressivement, vous pourrez supprimer les tensions inutiles en relâchant des muscles qui n'ont pas besoin d'être crispés en permanence. Vous commencez à vous familiariser avec cette méthode, à vous décontracter.

Concentrez-vous alors sur votre rythme respiratoire. Nous respirons souvent très mal, de façon irrégulière, étriquée. La respiration échappe souvent à notre contrôle : la peur coupe le souffle, l'angoisse serre la gorge. Mais, si nous réussissons à réguler notre souffle dans des moments d'émotion intense, nous réagirons mieux. Réapprendre à respirer complètement et calmement permet de restaurer le déséquilibre interne et de mieux réagir au stress.

Commencez par respirer par le nez profondément, sentez l'air entrer et glisser dans vos poumons, laissez votre ventre se gonfler et soufflez, doucement. Si vous ralentissez et amplifiez votre souffle, le rythme cardiaque va s'apaiser et vous vous détendrez totalement. Concentrez-vous alors sur votre corps en le visualisant mentalement. Pensez à votre dos, au bas du dos, aux épaules, à la nuque, à vos articulations, à votre visage, aux sourcils, à la bouche. Tout est calme et détendu, lourd et chaud. Votre corps est à présent entièrement relâché, calme. Votre respiration est régulière et ample, votre cœur bat tranquillement. Prolongez encore cet état quelques instants. Puis, quand vous le souhaitez, étirez-vous longuement à la manière des chats, reprenez-vous et revenez au monde.

Pour faciliter cette détente globale, vous pouvez utiliser des images agréables habituellement associées au calme, à la nature. Si vous aimez la mer, imaginez une plage au soleil, le bruissement des vagues et le chant des cigales. Tout autre choix est évidemment possible. Dites-vous quelques mots apaisants (« Je suis tranquille », « Je suis calme », « Je suis détendu »). Vous pouvez également mettre de la musique douce, tamiser la lumière, et vous envelopper douillettement dans une couverture légère. Vous devez tout d'abord faire ces exercices chez vous tranquillement, sur votre lit. Le mieux est de s'y entraîner régulièrement, seul et au calme si possible, pendant quelques semaines. L'objectif est d'apprendre à se relaxer rapidement, quasi spontanément quand on est confronté à des situations difficiles et à des émotions trop intenses. Vous pouvez aussi vous aider avec des cassettes spécialisées. Par la suite, vous pourrez pratiquer la relaxation (sous la forme de mini-exercices) n'importe où, devant la télévision, au bureau, dans le métro, en voiture aux feux rouges, en avion, dans le train.

Cette disponibilité psychique, ce calme, vous ne pourrez les acquérir que peu à peu. Ils vont constituer des moyens d'adaptation au stress. D'une part, pour contrôler quotidiennement votre état de tension. D'autre part, pour vous prémunir contre les stresseurs en ayant toujours la possibilité de modérer ou de supprimer vos manifestations d'anxiété. Faites-en l'expérience quand, face à une situation menaçante, ou avant de l'aborder, vous êtes énervé, angoissé, que votre respiration s'affole, votre cœur s'accélère, votre corps se tend. Essayez de vous calmer en vous relaxant.

Vous n'en avez pas terminé pour autant. Mais, comme un grand cru se bonifie au fil des jours, vous êtes sur le chemin de la métamorphose.

Convertissez vos pensées négatives

Toutes ces pensées qui s'entremêlent, qui vous encombrent, toutes ces idées qui vous contraignent, vous allez devoir et pouvoir les modifier.

En tout premier lieu, vous allez essayer d'atténuer vos penchants à l'« assimilation » qui vous poussent à interpréter les situations toujours dans le même sens, celui de vos préjugés, et qui vous empêchent de dire non. Dans les exemples ci-après, la croyance sous-jacente est la suivante : « Je ne peux pas supporter l'idée d'être désagréable ou d'être critiqué, de me sentir dévalorisé ou encore de ne pas être à la hauteur de la situation. Donc, je dis oui à tout. »

Chaque année, en juillet, votre femme de ménage vous annonce qu'elle part en vacances une semaine plus tôt que prévu. Vous n'osez jamais refuser, persuadée que si vous le faites, elle vous trouvera méchante et ne reviendra plus. Un de vos amis, qui joue très mal au tennis, vous demande toujours d'être son partenaire de double. Vous n'osez jamais refuser, certain que si vous le faites, il va vous traiter d'égoïste. Un de vos collègues vous demande systématiquement de relire ses dossiers. Là encore, vous n'osez jamais refuser, convaincu que si vous le faites, il va penser que vous n'êtes pas si fort que cela. Vous achetez une antenne parabolique. On vient vous l'installer mais le technicien n'a pas apporté tous les outils nécessaires. Il vous demande de terminer la manœuvre. Vous n'osez refuser, pensant, qu'après tout, vous serez bien capable d'achever un travail... pour lequel vous avez déjà payé fort cher.

Ces exemples nous montrent comment l'« assimilation » nous entraîne toujours et toujours vers les mêmes conclusions. Nous revenons sans cesse au même point, mécaniquement, souvent sans nous en rendre compte. L'objectif va donc consister à remplacer l'« assimilation » par l'« accommodation », c'est-à-dire à prendre davantage en considération les faits et à vous y adapter avec plus de recul et de détermination. En effet, l'« accommodation » permet une lecture moins réductrice et radicale des situations, elle permet de relativiser les événements et de développer des comportements plus adéquats.

En « accommodant », vous ferez intervenir d'autres paramètres dans votre interprétation de la réalité. Dans les exemples cités plus haut, vous semblez incapable de remarquer que les demandes de vos interlocuteurs sont souvent désobligeantes, gênantes voire insupportables. Et vous y répondez favorablement tout en vous culpabilisant, en vous angoissant, en raison d'une adhésion rigide à vos modèles intérieurs que vous plaquez sur la situation.

Acceptez de vous interroger sur les motivations des autres et remettez en question les vôtres. Vous avez des désirs et des besoins, comme tout le monde, vous devez en tenir compte. Vous ne pouvez pas vous sentir en permanence obligé d'obtempérer au moindre désir des autres. Mais, si vous ne vous dites pas ce que vous souhaitez, ce qui vous ennuie – en l'occurrence, ne pas vous laisser faire, ne pas vous laisser exploiter – vous serez toujours frustré. Pensez que vous êtes libre, que vous avez le droit de refuser, si vous le voulez. Ceci vaut aussi bien pour votre femme de ménage que pour votre ami, votre collègue ou un technicien désinvolte.

Essayez d'examiner vos autoverbalisations irrationnelles dans de nombreuses situations. « Qu'est-ce que j'étais en train de me dire quand »... mon patron m'a demandé de relire ce dossier, mon frère de l'accompagner à l'aéroport, mon amie de lui prêter de l'argent, et que j'ai ressenti une forte anxiété. Vous avez pensé : « Si je refuse, je vais perdre ma place, mon frère va me détester, mon amie va me trouver égoïste... »

Prenez du recul. Vérifiez vos pensées négatives. Sont-elles fondées ? Ne sont-elles pas excessives, injustifiées ? Quels arguments concrets avez-vous pour les étayer ? Quels sont ceux qui vont dans le sens de vos pensées ? Quels sont ceux qui vont à l'encontre de vos pensées ? Demandez-vous : « Si je dis non, est-ce grave ? Est-ce définitif ? ». Autrement dit, toutes les prédictions négatives que je peux faire vont-elles se réaliser ? Au besoin, enquêtez autour de vous, questionnez les personnes concernées.

Ainsi, vous pourrez réévaluer de manière plus objective la situation, vos pensées négatives et vos émotions. Vous avez été amené sous leur emprise à noircir considérablement le tableau. Non, vous n'allez pas perdre votre job si vous dites à votre patron que vous reverrez ce dossier le lendemain, ni vous fâcher avec votre frère si vous lui dites que vous êtes débordé, ni passer pour une égoïste auprès de votre amie si vous lui dites que vous êtes dans le rouge à la banque !

Votre vision de vous-même et des autres est très pessimiste, beaucoup plus noire qu'en réalité. Une analyse moins tournée vers le sentiment de responsabilité, de culpabilité ou d'échec permanent diminuera l'intensité des pensées et émotions négatives. En jugeant des choses d'une manière moins négative, vous adopterez un nouveau point de vue plus réaliste. Ce qui ne veut pas dire que vous tombiez dans un optimisme béat qui serait tout aussi rigide et inefficace. Essayez de voir les choses juste comme elles sont.

Vous pourrez alors décider de remplacer certaines pensées négatives, les plus illogiques et critiquables, par des pensées plus constructives. Vous allez faire œuvre de créateur, imaginer de nouvelles autoverbalisations qui vont vous aider à réduire l'emprise de vos pensées irrationnelles et, peu à peu, à les éliminer.

En d'autres termes, soyez attentif à ce que vous faites ; écoutez vos pensées négatives. Analysez votre façon de penser et transformez-la.

Par exemple : votre sœur vous prête son appartement au bord de la mer tous les ans. Chaque fois, elle vous demande d'emporter des draps, des plantes, des pots de confiture, bref elle vous charge comme un baudet avec ses affaires alors que vous prenez le train.

— Vous n'osez pas refuser, pensant que si vous le faites, elle ne vous prêtera plus jamais son appartement. Vous êtes en pleine « prédiction négative ». Demandez-vous s'il n'y a pas d'autres interprétations possibles, c'est-à-dire imaginez un discours alternatif. Elle pourrait, par exemple, simplement protester, mais si vous lui expliquez qu'il est compliqué d'emporter autant de paquets dans un train, elle risque de mieux comprendre. Vous pouvez encore lui proposer d'emporter des objets moins encombrants.

— Vous n'osez refuser, pensant que si vous le faites, elle va vous détester. Vous nagez en plein « catastrophisme ». Réfléchissez : dans des circonstances aussi banales, un refus bien argumenté ne peut entraîner de pareilles conséquences.

— Ajoutez l'inévitable « Cela n'arrive qu'à moi » et vous voilà en pleine « personnalisation ». Réfléchissez, parlez-en autour de vous, vous constaterez que vous n'êtes pas la seule à ne pas oser dire non dans une situation semblable.

— Vous pouvez aussi penser : « Je n'ai jamais pu refuser quoi que ce soit à ma sœur. » Vous frisez la « généralisation ». Réfléchissez : vous avez certainement déjà répondu non à votre sœur.

— Vous vous dites encore : « Mon refus va me mettre dans une situation impossible, je vais me sentir coupable », vous êtes en pleine « maximalisation du négatif et minimalisation du positif ». Réfléchissez : au contraire, vous avez là une occasion d'aborder vos difficultés et d'en parler à quelqu'un qui, en somme, vous est proche et pourra certainement vous entendre.

— En réalité, vous êtes en pleine « sélection arbitraire » : vous exagérez les conséquences de votre hypothétique refus et ne tenez pas compte de l'affection qui existe depuis si longtemps entre vous et votre sœur.

Avec un peu de pratique, vous arriverez assez facilement à repérer vos pensées négatives quand elles surgissent. Considérez ces moments comme un signal d'alarme, essayez d'imaginer des pensées alternatives, plus en phase avec la réalité, en trouvant des arguments qui justifient ou infirment telle ou telle pensée automatique. Sortez votre carnet. Regardez la liste de vos pensées négatives. À côté, faites une seconde liste dans laquelle vous remplacerez chaque pensée négative par une pensée plus adaptée à la réalité et à vos désirs. Là où vous avez écrit « Mon frère aîné va me détester si je ne suis pas d'accord avec lui », écrivez par exemple : « Nous pouvons avoir des points de désaccord sans pour autant forcément nous fâcher. »

Le simple acte d'écrire une pensée plus rationnelle en face d'une pensée négative vous permettra d'abord de les comparer et ensuite de vous rendre compte qu'il existe d'autres alternatives possibles pour vous et de vous familiariser avec elles. Vous pouvez adopter et utiliser dans la vie ces pensées alternatives qui vont vous aider à progresser et à réduire vos difficultés à dire non.

Un point très important : vous constaterez parallèlement que les émotions désagréables qui accompagnaient les pensées négatives vont s'atténuer et disparaître, remplacées par des émotions plus agréables.

Situation	Émotions	Pensées négatives	Discours alternatif	Résultat
Ma mère me déclare qu'elle ne peut plus vivre seule. Elle me demande de venir vivre chez moi.	Tête vide Gorge serrée Inquiétude	Je suis une mauvaise fille, si je refuse.	Je ne peux pas prendre ma mère chez moi. Il faut que j'en parle à mon frère pour trouver une solution.	Je me sens moins culpabilisée.
Une amie voudrait passer ses vacances chez moi.	Battements de cœur Angoisse	Elle va me rejeter si je dis non.	Si elle me rejette – au fond – ce n'est pas une véritable amie. J'ai le droit d'inviter qui je veux quand je veux chez moi.	Je me sens soulagée. Je serai contente de voir mon amie à un moment qui nous conviendra à toutes les deux.
Mon collègue de bureau me demande toujours de répondre au téléphone.	Irritation Nervosité	Il va me trouver désagréable et dire du mal de moi, si je refuse.	Je n'ai pas à faire le travail des autres.	Je me sens plus calme.
Mon mari ne s'occupe pas des enfants.	Colère rentrée Maux de tête	Je vais le déranger si je lui fais part de mon malaise.	Il aime ses enfants. Peut-être au contraire sera-t-il intéressé par ce que je veux lui dire.	Je me sens plus décontractée.

Modifiez votre morale personnelle trop rigide

Vos convictions profondes, dont vos pensées négatives sont les porte-parole, sont moins faciles à identifier et à modifier. Vous l'avez compris dans le chapitre V, elles sont ancrées en vous depuis très longtemps et ont contribué insidieusement à (dé)former votre vision de la réalité. Elles sont comme muettes mais agissent à bas bruit. Vous n'y avez pas accès spontanément. Sans que vous en soyez précisément conscient, elles vous ont marqué et vous faites corps avec elles à travers une solidarité sans faille.

Qui plus est, elles ne sont pas complètement absurdes, elles se présentent sous les traits d'un bon sens universellement partagé. En effet, être d'accord, être approuvé, être parfait, être aimé, paraît toujours plus simple et plus facile à une majorité d'individus. Mais un examen plus attentif vous les fera découvrir inébranlables, intolérantes, excessives. Y renoncer n'est pas aisé, pas plus qu'il n'est aisé de s'en débarrasser, parce qu'elles sous-entendent qu'il *faut* obligatoirement « être d'accord, être approuvé, être parfait, être aimé ».

Il s'agira dans un premier temps de les tempérer, de les nuancer, pour ensuite les modifier. Vous pouvez, à partir de vos pensées automatiques, essayer d'atteindre les principes qui les régissent en vous posant chaque fois les bonnes questions : Pourquoi ? Et alors ?

SITUATION 1 : Vous n'avez pu, malgré votre rhume, refuser un dîner prévu depuis longtemps avec un ami.

Pourquoi ?

Je le lui avais promis depuis des semaines.

Et alors ?

Je ne veux pas passer pour une lâcheuse.

Pourquoi ?

Quand je promets quelque chose, je m'y tiens toujours.

Pourquoi ?

Je ne peux supporter de décevoir les autres.

Et alors ?

J'aurais déçu mon ami.

Et alors ?

Il ne m'aimera plus.

SITUATION 2 : Vous avez acheté des chaussures qui vous serrent les pieds. Vous n'avez pas osé ne pas les acheter.

Pourquoi ?

Le vendeur a beaucoup insisté.

Et alors ?

J'ai bien dit que les chaussures me serraient, mais il m'a affirmé qu'elles se détendraient.

Et alors ?

J'avais peur de passer pour un homme difficile et délicat.

Pourquoi ?

Je ne peux pas supporter qu'on me critique.

Et alors ?

Le vendeur était très sûr de lui, et quand quelqu'un se montre autoritaire, je me sens en position d'infériorité, je suis comme paralysé et l'autre a forcément raison.

Plus généralement, prenez du recul :

Mes croyances ne sont-elles pas trop contraignantes ?

Cette question traduit le caractère inflexible des croyances. C'est comme si vous n'étiez pas autorisé à avoir une autre interprétation des faits. Ni à réagir différemment. Elles reflètent un désir d'absolu et une volonté constante d'atteindre un idéal... par définition inaccessible. Vous envisagez l'existence à travers ce prisme : si je suis cet individu modèle, on va m'aimer et je pourrais m'aimer (la boucle est ainsi bouclée).

Il faut abandonner cette illusion selon laquelle il existerait un modèle de vie idéal. Bien sûr, il est nécessaire d'avoir des exigences, mais elles ne doivent pas être trop rigides. Sinon elles deviennent étouffantes et ne vous permettent pas d'exprimer d'autres facettes de votre personnalité.

Quels sont les avantages et les inconvénients de mes croyances ?

Mettez en concurrence les effets positifs et les effets négatifs de vos croyances. Pesez le pour et le contre.

Par exemple : quels sont les avantages à être serviable ? On vous apprécie pour ces qualités... jusqu'à un certain point. Comme nous l'avons vu, l'entourage ne vous en respecte pas pour autant et profite souvent de vous. Voilà les inconvénients. Aussi, laissez s'exprimer (avec modération) votre altruisme dans certaines circonstances et, à d'autres moments, tournez-lui le dos.

Autrement dit, quand vous avez repéré les « plus et les moins » de vos croyances, vous pouvez choisir de vous y abandonner en toute connaissance de cause. Parions que vous déciderez de ne pas les respecter en toute occasion.

Quelles peuvent être les conséquences de la modification de mes croyances ?

Si vous désobéissez à vos croyances, vous prenez un risque. Surtout vis-à-vis de vous-même. En effet, vous pouvez vous sentir mal à l'aise : oser rejeter des valeurs si anciennes, oser changer ! Tout changement suscite normalement un peu d'angoisse. Mais, dites-vous bien que si vous restez tel que vous êtes, vous n'échapperez pas à l'anxiété (vous en savez quelque chose) ; tandis que si vous changez, vous pouvez espérer que l'angoisse va s'atténuer et, un jour, disparaître.

En outre, vous vous sentirez infidèle envers tous ceux qui vous ont transmis ces valeurs. Autrement dit, infidèle aux valeurs familiales. Vous avez conclu avec vos parents un traité comportant une seule clause : « Tu dois être dans la norme. » Or ce qui était peut-être adapté dans votre enfance ne l'est plus maintenant. Être conforme aux normes familiales est un besoin infantile qui renvoie sans doute au désir de vos parents d'avoir un enfant idéal, c'est-à-dire conforme à leurs valeurs. Il est temps de réviser ce pacte qui ne correspond plus à la réalité actuelle. Vous êtes adulte et vous avez le droit d'avoir vos propres valeurs sans vous sentir coupable.

Vous n'allez pas changer du tout au tout, naturellement. Commencez par introduire des modifications dans vos croyances. Par exemple : je préfère être aimé, parfait ou bien vu, mais pas à n'importe quelle condition. Pas au prix de ma vie affective ou amicale, pas au prix du renoncement à moi-même. Autrement dit, vous allez apporter des nuances à vos valeurs et mieux accommoder vos croyances aux situations. Avec le temps, celles-ci vont s'assouplir et perdre leur caractère intransigeant.

En résumé, devenez peu à peu infidèle à vos postulats fondamentaux ; modérez-vous, modelez et remodelez pour les moduler, les modifier enfin.

Et vous pourrez alors vous dire sans crainte :

« Je ne suis pas obligé de toujours penser comme les autres. »

« Je ne suis pas obligé de faire toujours ce qu'ils veulent. »

« Il n'est pas nécessaire que tout le monde m'aime. »

« Je n'ai pas à prouver ma valeur en permanence. »

« Je ne suis pas obligé de dépenser tant d'énergie pour des choses qui n'en valent pas la peine ou que je n'ai pas à faire moi-même. »

« J'ai le droit d'exister. »

« Je n'ai aucune raison de me dévaloriser. »

L'affirmation de soi

Vous pouvez encore vous perfectionner en adoptant ce que les psychologues américains Alberti et Emmons appellent un comportement affirmé. Un tel comportement consiste à exprimer ce que vous avez à dire, ce qui vous tient à cœur, « directement, clairement, calmement... et fermement ». Mais, attention ! Il n'est évidemment pas question d'échanger vos pensées irrationnelles et craintives contre leur exact opposé, triomphaliste mais tout aussi irrationnel. Ne remplacez pas un comportement passif par un comportement agressif et ne confondez pas un comportement agressif avec un comportement affirmé.

Voici la différence :

— **Comportement agressif :** un être agressif est souvent difficile à vivre. On dit qu'il a mauvais caractère, son humeur est instable, il est toujours sous tension, s'énerve pour un rien. Il est intolérant, contradicteur, ironique. Sûr de lui, il ne se remet jamais en question et essaie en permanence d'imposer ses opinions de manière impérative. Seul son point de vue l'intéresse, il fait toujours passer ses besoins avant ceux des autres et vit les échanges comme des rapports de force. Il n'écoute pas les autres, supporte mal la contradiction, frustre et irrite ses interlocuteurs auxquels il ne reconnaît pas le droit à la parole, sauf à être d'accord avec lui. Il résout souvent ses problèmes par la violence ou la contrainte.

— **Comportement affirmé :** on pourrait dire d'un être affirmé qu'il est bien dans sa peau, qu'il est équilibré et donne une impression de calme et de bien-être intérieur. Son humeur est égale, il ne s'emporte pas facilement. Il a plutôt confiance en lui tout en ayant conscience de ses limites et en étant capable de se remettre en question. Il est à l'écoute de lui-même et des autres. S'il sait défendre et exprimer clairement ses pensées, ses besoins, il n'en respecte pas moins ceux des autres. S'il est confronté à des problèmes relationnels, il essaie toujours de les dénouer en établissant un dialogue authentique et franc, tentant ainsi de concilier des points de vue apparemment différents et opposés.

Pourquoi insistons-nous sur le comportement agressif ? Parce que vous ne devez pas vous métamorphoser en individu violent, même si parfois vous rêvez d'un non qui retentirait comme une gifle. Il s'agit, dans des situations anxiogènes, d'adopter un comportement plus adapté, plus efficace et, sans nul doute, revalorisant. S'affirmer, c'est communiquer plus aisément, arriver à dire exactement ce que vous voulez exprimer et être compris par l'interlocuteur. C'est acquérir une meilleure maîtrise des relations sociales, limiter le poids des pressions extérieures, gagner une nouvelle liberté dans les échanges, (re)trouver confiance en soi, se sentir responsable, (et pas forcément coupable), éprouver une satisfaction personnelle.

Le B.a-ba du savoir dire non

Comment faire ? Avant de détailler ces techniques, quelques conseils pour « grands débutants ».

Ne vous précipitez pas pour répondre non

Si une demande vous dérange, prenez votre temps et dites-le à votre interlocuteur. Il comprendra que vous n'êtes pas à sa botte, et vous aurez la possibilité de trouver des arguments pour refuser. Un non prévu, dont vous avez préparé la formulation, facilite la réponse. En outre, prendre du recul permet de surmonter l'émotion suscitée par la demande. Vous serez maître de vous au moment de donner votre réponse. Enfin, vous éviterez d'avoir à revenir sur un oui exprimé trop vite, ce qui est toujours très difficile.

Une amie veut vous emprunter votre voiture, répondez que ça vous pose un problème et que vous devez y penser. Invitez-la à vous rappeler dans quelques jours (et non pas « Je te rappelle sans faute tout à l'heure », ce n'est pas vous qui demandez). Voilà qui peut déjà la décourager et qui vous laisse le loisir de trouver une bonne raison pour dire non.

Utilisez le « je »

Il est toujours préférable d'employer le « je » au lieu du « tu » ou du « vous », souvent accusateurs et proches du réquisitoire.

Exprimez vos émotions

N'ayez pas honte de ressentir et d'exprimer des « émotions dites négatives », comme le mécontentement, la déception, le chagrin, du moment que vous les formulez en votre nom propre et sans animosité.

Soyez clair

Exprimez directement ce que vous pensez et ce que vous voulez. Évitez de faire traîner la discussion, bannissez les expressions ambiguës, les silences pesants, les allusions gênées.

Restez calme

Si vous prononcez votre non sans agressivité, vous ne serez plus débordé par vos émotions.

Utilisez un discours positif

C'est-à-dire un discours sans formulation négative. « Je pense qu'il vaut mieux agir comme ceci », plutôt que « Ce n'est pas cela que tu aurais dû faire ».

Surveillez votre langage non verbal

Le corps « parle » quand vous parlez : ton, volume de la voix, débit verbal, expression du visage, force du regard, gestes, posture. Chaque interlocuteur peut déceler le degré de conviction qui anime celui qui tente de refuser. Si votre regard est fuyant, votre expression morne, votre corps avachi, votre voix faible, vous avez peu de chances de convaincre l'autre de votre détermination. Aussi est-il souhaitable d'adopter une attitude en harmonie avec ce que vous voulez exprimer : intonation chaude, débit verbal régulier et calme, contact cordial, etc.

Utilisez des précautions verbales

Ces petites phrases permettent d'exprimer un message en douceur. Elles vous évitent de paraître brutal, et contribuent à vous mettre plus à l'aise.

« Je vous comprends... mais » : vous êtes dans une file d'attente depuis dix minutes. Quelqu'un passe devant vous. Dites-lui : « Je comprends que vous soyez pressé, mais je le suis moi-même ; essayez de patienter comme les autres. »

« Ce que j'ai à vous dire n'est pas facile », ou bien, « Je vais vous surprendre mais... » (Les hommes d'affaires utilisent avec succès ce type d'entrée en matière au cours de négociations délicates.)

Votre patron vous propose un poste qui vous oblige à passer quinze jours par mois à l'étranger. Répondez : « Je vais vous décevoir, mais je ne peux pas accepter cette promotion ; je préfère rester en France et voir mes enfants plus souvent. »

Ne vous justifiez pas obligatoirement

Souvent, moins on parle, mieux on se porte. Ne vous lancez pas dans des explications vaseuses ou compliquées qui vont vous entraîner trop loin. Restez plutôt évasif : « Pardonnez-moi, je ne peux pas passer le week-end avec vous. Ça sera pour une autre fois. » Ou : « J'ai mes raisons, je ne veux pas en discuter pour le moment. »

Ces simples phrases vous éviteront de vous mettre dans des situations compliquées qui demandent une quantité considérable d'énergie et de temps pour en sortir. Notamment avec certaines personnes qui ont l'art de vous forcer la main. Le copain qui ne rend jamais ce qu'on lui a prêté et qui se met aux abonnés absents, auquel vous devez téléphoner cent fois pour récupérer votre bien. Un autre qui vous invite toujours quand il repeint sa maison ou déménage.

Impliquez l'autre

On n'admet jamais aussi bien le refus que lorsqu'on se sent concerné. Il est parfois nécessaire de remettre les pendules à l'heure, sans que cela ressemble à un règlement de comptes. Avec un ami qui insiste pour que vous assistiez à une fête qu'il donne à cent kilomètres de chez vous, essayez un gentil rappel des faits : « La semaine dernière, tu étais complètement crevé et j'ai bien compris que tu ne pouvais pas te déplacer pour venir dîner avec moi. Cette fois-ci, c'est mon tour d'être fatigué et débordé. Je sais que tu peux me comprendre. »

Manifestez votre compréhension

Si vous souhaitez adoucir votre refus, exprimez votre sympathie et vos regrets. Mettez les formes : « Je suis désolé... navré d'apprendre que tu as des problèmes » ; « Cela m'ennuie de devoir te dire non, mais je n'ai malheureusement pas le choix ».

Décentrez-vous

Il est souvent plus facile de se mettre à la place de quelqu'un pour résoudre ses propres problèmes. Quels conseils pourriez-vous donner à un ami qui se trouve dans le même cas que vous ? Ne pourriez-vous pas ensuite vous appliquer ces paroles apaisantes ?

Imitez ceux qui savent dire non

Prenez un modèle dans votre entourage et observez-le. Comment s'y prend-il pour refuser, quelle attitude adopte-t-il ? Là encore, n'imitez pas un être agressif qui n'exprime que de mauvais non.

Acceptez l'échec

Un ou plusieurs échecs ne sont pas dramatiques. Mais cherchez toujours à en comprendre les raisons (par exemple objectifs trop ambitieux). Pensez que vous avez affronté une situation que vous évitiez auparavant. Quel que soit le résultat, c'est déjà un succès.

Évitez les résolutions vagues

Si vous vous dites : « La prochaine fois, je ne me laisserai pas faire », ou « Je vais faire un effort », le manque de détermination de ces déclarations vous empêchera de donner des non efficaces.

Prenez du recul

Déterminez ce qui est acceptable et ce qui ne l'est pas pour vous. Quand on ne sait pas dire non, on s'enlise souvent dans l'indécision. Reconnaître ses priorités, savoir ce que l'on veut et ce que l'on peut faire permet d'y voir plus clair.

Évaluez les avantages que vous tirez d'un bon non. Une telle estimation est toujours stimulante et réconfortante.

Reconsidérez les risques que vous prenez en disant non. Bien souvent, en les découvrant bien moindres que ce que vous imaginiez, vous relativiserez votre anxiété.

Félicitez-vous

Si vous réussissez à dire non, il est fondamental de vous encourager en vous tenant un discours positif. C'est une manière de reconnaître vos qualités et vos progrès même partiels. Ce renforcement positif vous confortera dans vos efforts et vous incitera à passer à l'échelon supérieur.

Et rappelez-vous toujours que, lorsque vous dites non, vous refusez une demande mais vous ne rejetez pas le demandeur.

Les techniques d'affirmation de soi

L'énumération de ces techniques est amusante et paraît presque folklorique : le disque rayé, l'écran de brouillard, l'enquête négative, l'affirmation négative (sic), l'information sur soi, l'information sur l'autre, l'offre de compromis. En réalité, malgré ces formulations cabalistiques, c'est on ne peut plus sérieux. Vous pourrez vous servir de ces techniques dans presque toutes les circonstances de la vie. Grâce à ces procédés, à la portée de tous, vous allez pouvoir vous défendre, résister, vous dégager de vos contradictions, résoudre des situations conflictuelles. Vous allez savoir comment dire non, pouvoir énoncer vos désaccords, répondre à des critiques, exprimer les vôtres. En définitive, vous allez réussir à dire enfin ce que vous pensez, ce que vous ressentez sans agresser les autres. Mais n'oubliez pas, ne vous transformez pas en manipulateur ni en tyran.

Le disque rayé ou savoir se répéter

Le « disque rayé » va vous permettre de soutenir vos opinions contre vents et marées, en les exprimant avec constance et fermeté. Comme une barque qui poursuit sa route malgré les courants, vous répétez votre position calmement, et vous la répétez encore et encore jusqu'à ce que votre interlocuteur comprenne que votre résistance est bien plus forte qu'il ne le supposait. Il s'apercevra que vous avez une idée bien arrêtée et que vous n'êtes pas prêt à l'abandonner. Vous pouvez modifier la forme de vos propos, le style, les tournures de phrases, mais vous restez ferme sur le fond. Le contenu du message doit demeurer le même, indiquant par là votre détermination. À condition de ne pas vous énerver et de conserver votre courtoisie. Sinon vous allez passer pour un individu borné et obstiné.

À votre ami qui insiste pour que vous dîniez avec lui malgré votre fièvre, vous pouvez répondre :

« Je sais que ce dîner était prévu depuis longtemps, mais j'ai 38 °C de fièvre et je ne peux pas sortir.

— 38 °C, ce n'est pas si terrible que cela.

— Pour toi peut-être, mais moi, ça m'empêche de sortir.

— On écourtera le dîner, et tu pourras te coucher tôt.

— Je suis souffrante et j'ai besoin de rester au lit maintenant.

— Allez, je viens te chercher en voiture.

— Tu es gentil, mais j'ai de la fièvre, je suis fatiguée et je ne dois pas sortir.

— Je vais venir chez toi avec un pique-nique, ce sera tout à fait sympa.

— J'ai pris un médicament et je dors déjà », etc.

Le tout est de tenir bon.

Pour vous y aider, il peut être important de faire preuve d'empathie et de recadrer la situation : « Ça m'aurait vraiment fait très plaisir de te voir, mais ce soir, je suis trop malade. Convenons d'une autre date. »

L'écran de brouillard

Si, par malheur, cette technique s'avère insuffisante, vous pouvez utiliser l'« écran de brouillard » qui consiste à paraître accepter d'éventuelles critiques sans pour autant abandonner votre point de vue. Ce procédé est très facile à appliquer. En pratique, il s'agit d'utiliser quelques phrases types, exprimées calmement : « C'est bien possible » ou « Sans doute » ou « C'est probable » ou « Peut-être ». Avec l'écran de brouillard, vous ne contestez pas les faits évoqués, mais vous ne les reconnaissez pas non plus. Ces répliques ne vous engagent pas et vous dispensent d'entrer dans la danse.

Ce même ami, si bien intentionné, commence à s'énerver et à devenir plus virulent :

« Je me faisais une telle joie de te voir.

— Je n'en doute pas un seconde.

— J'ai refusé un autre dîner à cause de celui-ci.

— J'en suis sûre.

— Si tu m'avais prévenu plus tôt, j'aurais pu m'organiser autrement.

— J'aurais dû te prévenir, mais je ne peux pas penser à tout.

— Tu vas me gâcher ma soirée.

— Certainement, certainement.

— Tu n'es vraiment pas gentille.

— Cela m'arrive quelquefois de ne pas être gentille.

— Il faut que ça tombe sur moi.

— Tu as raison, ça tombe sur toi.

— Tu ne fais aucun effort.

— Je ne suis pas capable de faire des efforts ce soir. »

Ne négligez pas la reformulation : vous admettez ce qu'on vous dit, mais vous refusez d'être culpabilisé ou dévalorisé.

— « Tu n'es pas une bonne copine (puisque tu refuses de...)

— Ça m'arrive parfois de ne pas être une bonne copine.

— Tu vois, tu le reconnais.

— C'est exact.

— Tu pourrais te corriger quand même !

— Je suis comme ça. »

Vous ne réagissez pas aux provocations et vous indiquez que vous ne vous sentez pas obligé de changer d'opinion ou de comportement. De telles réponses vont assez rapidement décourager l'interlocuteur qui ne rencontre aucune résistance en face de lui mais, malgré cela, ne réussit pas à vous désarçonner.

Cet exemple met l'accent sur ce que vous allez devoir affronter en disant non : vous allez vous exposer aux critiques des autres. C'est un de vos points faibles puisque nous avons déjà compris que vous ne supportez pas l'idée d'être critiqué. Restez calme, détendez-vous et apprenez à répondre aux critiques qui ne manqueront pas de jaillir.

L'écran de brouillard n'est pas la seule technique proposée. Il en existe d'autres que nous allons aborder maintenant. Dans tous les cas, vous ne devez pas répondre à une critique par une autre critique ; ne vous emballez pas, ne rentrez pas dans le jeu de l'autre, écoutez ce qu'il a à vous dire.

L'enquête négative

Répondre aux critiques injustifiées en utilisant l'enquête négative peut vous aider à vous dégager d'une culpabilité qu'on veut vous faire endosser. C'est un procédé qui permet de savoir ce qui se cache derrière une critique immotivée et d'établir une communication plus franche.

Vous partagez un bureau avec un collègue. Celui-ci vous reproche d'avoir mal raccroché le téléphone. Vous répondez :

« Non, c'est faux, ce n'est pas moi.

— Ça ne peut être que toi : hier soir, tu es parti le dernier et ce matin, en arrivant, j'ai trouvé le téléphone décroché.

— C'est impossible, je fais très attention au téléphone.

— Ça ne peut être que toi ; si le téléphone fonctionne mal, ça n'a pas l'air de te déranger beaucoup. »

C'est le moment de commencer votre « enquête négative ».

« C'est la seule chose que tu aies à me reprocher ?

— Ben, tu oublies souvent d'éteindre la lumière.

— Cela doit m'arriver. Mais, y a-t-il autre chose qui t'irrite dans mon comportement ?

— Oui, tu es très désordonné.

— En quoi cela te dérange-t-il ?

— Quand tu cherches quelque chose sur mon bureau, après je ne retrouve plus rien.

— Je vais essayer de faire attention à tes affaires.

— Merci, cela me rendra service. »

Le dialogue étant établi sur des bases moins polémiques, vous pouvez ajouter :

« Mais pour en revenir au téléphone, ce n'est pas moi qui l'ai mal raccroché. »

Votre collègue va alors changer de ton :

« Tu as raison, je n'avais pas pensé que la femme de ménage a les clés de notre bureau, c'est peut-être elle la coupable. »

En revanche, si l'autre persiste toujours dans son accusation, vous devez persister dans votre opposition, arrêter la conversation et suggérer à votre collègue de faire une enquête plus approfondie.

Répondre à une critique fondée, surtout si elle est exprimée agressivement, n'est pas facile.

L'affirmation négative

Cette technique va vous y aider. Elle consiste à exprimer votre accord sur le fait reproché, à vous mettre à la place de l'autre, à expliquer votre comportement et à exprimer votre position, calmement, cela va de soi.

Vous passez vos vacances chez vos parents qui vous demandent de balayer les feuilles mortes dans le jardin. Vous refusez et vos parents vous reprochent de ne jamais les aider pour les tâches matérielles, ce qui n'est pas faux. Plutôt que de vous retirer avec majesté dans vos appartements, dites-leur :

« Vous avez raison, je ne vous aide pas beaucoup en ce moment.

Je comprends que mon attitude vous choque.

Je suis désolé, mais je suis très fatigué par mon année scolaire, et j'ai vraiment besoin de repos.

Je vous propose de vous aider quand je serai plus en forme. Qu'en pensez-vous ? »

Ce type de réponse désamorce en général le conflit et vous permet de moins culpabiliser.

Par le biais de cet exemple, nous avons abordé trois autres techniques d'affirmation : l'information sur soi, l'information sur l'autre et l'offre de compromis.

L'information sur soi

En donnant de l'information sur soi, on révèle franchement ses sentiments et ses problèmes ce qui, sauf si l'on est face à un autocrate querelleur, rend plus humain aux yeux de ses interlocuteurs. Pouvoir parler de soi avec sincérité, sans bien sûr se dévaloriser, en reconnaissant ses imperfections et ses soucis, rend plus proche des autres. Qui peut se vanter d'être parfait ? Qui n'a jamais ressenti de déceptions et vécu de moments difficiles ? Vos parents comprendront mieux les raisons de votre inactivité si vous leur parlez de vous et de votre fatigue passagère.

L'information sur l'autre

Il vous est encore possible de demander à vos parents s'ils n'ont pas connu eux-mêmes des moments semblables et comment ils ont réagi. Ces demandes *d' information sur l' autre*, sur ses expériences, sur sa vie et l'intérêt que vous leur portez, suscitent le rapprochement, renforcent la qualité de la relation et facilitent la communication. Par exemple, cela peut donner à votre père l'occasion de vous parler de sa jeunesse ou à votre mère des joies que lui procure son jardin.

L'offre de compromis

Cette technique défend votre point de vue tout en prenant en compte celui de votre interlocuteur.

— Soit vous consentez jusqu'à une certaine limite ; c'est le « Oui... mais » qui impose une condition à votre approbation.

« Oui, je veux bien garder ton chat samedi, mais jusqu'à 17 heures, pas davantage, après je vais à un mariage. »

« Oui, tu peux te coucher un peu plus tard, mais à 21 heures, au lit. »

— Soit vous refusez mais en proposant une solution de rechange, c'est le « Non... mais » dont nous évoquions l'intérêt dans le chapitre IV.

« Non, je ne peux pas garder ton chat samedi, mais je connais quelqu'un qui sera ravi de s'en occuper », ou encore : « J'ai une adresse de gardien avec des références canon. »

« Non, ce soir tu te couches tôt, mais samedi, tu pourras veiller plus tard. »

— Ce qui peut donner avec votre patron : « Je veux bien rester un peu plus tard ce soir, mais je souhaiterais que vous me laissiez partir plus tôt demain pour faire les achats que je devais faire aujourd'hui. »

L'offre de compromis permet souvent d'apaiser les tensions et d'aplanir les difficultés. Mais le compromis doit être acceptable pour les deux parties. Trouver un juste équilibre entre deux positions différentes évite les frustrations ; ce que vous gagnez, l'autre ne le perd pas forcément et *vice versa*. Dans l'exemple des vacances chez les parents, vous jardinerez plus tard et vos parents savent que vous le ferez. En somme, tout le monde est content !

Faire des critiques

Enfin, pour modifier les situations qui vous dérangent, vous devrez savoir émettre des critiques (une autre façon de dire non), ce qui vous permettra de régler directement des différends et de ne pas trop intérioriser vos émotions. Il est difficile de faire des critiques pour tout un chacun et encore plus pour ceux qui ont des difficultés à dire non. N'oubliez pas qu'une critique ne signifie pas le rejet d'un individu, mais représente une remarque négative sur un comportement qui vous déplaît, vous gêne.

Admettez qu'il est normal de ressentir un certain degré d'émotion avant et pendant la critique. Pour l'atténuer, pratiquez quelques mini-exercices de relaxation qui vont vous aider à être plus détendu.

1. Décrire la situation de la façon la plus neutre possible.
2. Dire ce qui vous gêne. Utiliser le « je » et exprimer la critique en termes de comportement et non pas de personne. Expliquer les inconvénients selon vous de ce comportement.
3. Proposer une solution au problème.

Votre collègue de bureau fume. Vous ne supportez pas l'odeur de la cigarette.

1. « Nous partageons le même bureau et tu fumes beaucoup. »
2. « Je ne fume pas et l'odeur du tabac me dérange. »

Ou encore faites preuve d'empathie : « Je t'apprécie beaucoup mais ta fumée me dérange. »

3. « Pourrais-tu, s'il te plaît, fumer à l'extérieur du bureau ? »

Si votre collègue continue à fumer les jours suivants dans le bureau.

1. Exposer de nouveau le problème.

2. Exprimer vos sentiments.

3. Recadrer la critique dans une optique constructive.

4. Dialoguer : écouter et reconnaître la position de l'autre.

5. Conclure positivement.

1. « Je t'ai demandé à plusieurs reprises de fumer en dehors du bureau. Je remarque que tu continues à fumer dans notre bureau. »

2. « Je ne suis pas contente parce que tu ne tiens pas compte de ma demande. »

3. « J'aimerais trouver une solution à notre problème. »

4. La collègue : « Tu peux sortir pendant que je fume. »

Vous : « L'odeur du tabac froid est encore pire. Je pense qu'il est plus simple que tu sortes. »

La collègue : « Dehors, il fait froid. »

Vous : « Je te comprends, mais fumer une cigarette ne prend pas longtemps. Tu peux te couvrir. »

La collègue : « Bon, d'accord. »

5. Vous : « Je suis contente que nous ayons pu trouver une solution qui facilite nos relations. »

Restez toujours calme, poli mais ferme. Ne cherchez pas à l'emporter d'emblée en obtenant que l'autre reconnaisse ses torts. Laissez-le « digérer » vos remarques. Enfin, insistez toujours sur l'importance d'avoir pu aborder le problème, soulignez positivement les éventuels débuts de remise en question.

Formulée en ces termes, une critique passe plus facilement et on obtient très souvent le résultat escompté.

En conclusion, vous constaterez rapidement que, pour arriver à se faire entendre, il faut souvent combiner différentes techniques.

C'est une façon d'agir que vous posséderez avec du temps et de la pratique.

Exercez-vous

La visualisation

Une manière amusante de pratiquer, sans trop de risque, consiste à vous imaginer dans une situation embarrassante et à tester les différentes méthodes décrites dans ce chapitre. Vous pouvez le faire après vous être relaxé ou pendant la relaxation. Mettez en scène votre théâtre personnel : le décor, les personnages, le scénario, les dialogues dans la pièce *Comment me débarrasser d' un importun.*

Vous vous imaginez installée tranquillement à la terrasse d'un café, au soleil, en train de lire un article de journal passionnant. Un homme vous propose de vous offrir un verre.

« Merci, mais non, je suis en train de lire et je n'ai pas envie de faire autre chose.

— Boire un verre ne vous fera pas perdre beaucoup de temps.

— Merci, mais non, je veux terminer de lire cet article.

— Vous n'êtes pas gentille.

— C'est possible.

— Je ne suis pas un dragueur, c'est juste pour parler un peu.

— Il y a d'autres personnes ici avec lesquelles vous pouvez parler, mais pas avec moi, je vous prie de me laisser tranquille. »

Imaginez également vos pensées négatives : « Ce pauvre type, il n'a pas l'air bien méchant, il a peut-être vraiment besoin de parler, je ne suis pas très sociable. » Ou encore : « Il va me trouver très désagréable et ridicule », avec derrière, l'idée que vous ne devez jamais être égoïste et toujours donner de vous une bonne image, non critiquable.

Imaginez des pensées alternatives : « Je ne peux pas m'occuper de tout le monde, j'ai le droit de défendre mon bien-être, d'être parfois désagréable, si quelqu'un me trouve ridicule, tant pis pour lui. »

La visualisation vous permet de vivre des situations anxiogènes, en étant détendu donc sans trop d'angoisse. En imaginant avec précision ce qui se passe en vous et comment vous allez dire non, en procédant par essais et erreurs, vous pourrez vous corriger et rapidement mieux vous débrouiller avec le non.

Le jeu de rôle

Faites des jeux de rôle avec des amis en qui vous avez véritablement confiance ou qui ont les mêmes difficultés que vous. Imaginez des situations « à problème » dans lesquelles vous jouerez alternativement celui qui sait dire non et celui qui ne sait pas. Vous comprendrez mieux vos points faibles et apprendrez à renforcer vos points forts. Se mettre dans la peau d'une personne qui sait dire non vous familiarisera avec sa manière de se comporter, de mener une discussion. Peu à peu, vous intégrerez de nouvelles réactions et des manières différentes de penser et d'évaluer les moments critiques. L'objectif n'étant pas de vouloir tout maîtriser et d'apprendre par cœur des recettes – les événements dans la vie réelle ne se dérouleront pas forcément comme vous l'aurez prévu – mais de se préparer et s'entraîner à affronter des situations redoutées.

Exposez-vous

Vous pouvez aussi vous exercer réellement, au début dans des situations qui vous semblent moins difficiles à gérer. Préparez-vous avant d'affronter vos interlocuteurs : détendez-vous, respirez profondément et déterminez clairement vos objectifs ou en l'occurrence, *comment neutraliser un vendeur.*

Vous allez acheter une perceuse, vous savez exactement quel modèle vous voulez et quelle somme vous voulez dépenser. Dans le magasin, vous continuez à vous détendre et vous posez précisément votre question : « Je veux acheter une perceuse, modèle X, tel prix. » Le vendeur commence par vous dire qu'il n'en a pas mais qu'il a des modèles équivalents. Si la panique vous gagne, vous pouvez vous maîtriser en vous détendant et en continuant à vous concentrer sur votre achat. Vous pouvez quand même examiner le modèle qu'on vous propose – il est toujours intéressant d'être informé – mais le vendeur vous annonce qu'il est plus cher que celui que vous désirez.

Pensée négative : « Je vais passer pour un radin si je lui dis que c'est trop cher. » Pensée alternative : « Je n'ai rien à prouver à ce vendeur. » Donc, vous allez lui dire que c'est trop cher. Il va vous vanter les mérites de son appareil, évidemment plus solide, plus performant, vous dire que vous y gagnez en payant un peu plus. Faites alors le « disque rayé », en répétant que c'est trop cher et que vous préférez votre modèle. Le vendeur peut alors vous dire que ce modèle est dépassé et qu'il est presque sûr qu'on n'en trouve plus. Donnez de l'information sur vous : « Je n'ai pas besoin d'un modèle aussi compliqué, je bricole très peu. » Et en riant : « Je suis têtu, vous savez et je suis certain d'en trouver un, même si je dois y passer ma vie entière ! » Une touche d'humour, une pirouette et vous voilà sorti d'affaire et du magasin.

Multipliez ces exercices dans des situations où le non est sans grande conséquence pour vous, que ce soit chez le boucher, pour faire respecter l'ordre de la file d'attente ou dans une boutique en essayant des vêtements sans rien acheter, ou encore en rapportant une paire de chaussures neuves que vous avez acquise la veille par erreur. La portée de ces « actes gratuits » peut sembler insignifiante, mais il faut en passer par là avant d'être capable de dire à un ami que vous n'êtes pas sa bonne à tout faire, ou à votre belle-mère que vous ne voulez plus qu'elle fasse la pluie et le beau temps chez vous.

Faites une liste des situations redoutées et attribuez-leur une note de 1 à 10, en fonction du degré de difficulté.

Liste hiérarchisée des situations redoutées

Situations	Degré d'anxiété
Refuser de donner une pièce à un mendiant.	1
Dire non à un commerçant qui insiste pour vous vendre un poulet en promotion.	2
Refuser d'acheter des bonbons à vos enfants.	3
Refuser une invitation à dîner.	4
Refuser de déjeuner chez vos parents le dimanche.	5
Refuser de travailler plus tard pour terminer un dossier.	8
Refuser de prendre les enfants de votre sœur en vacances.	10

Confrontez-vous d'abord à la situation qui a la note la plus faible, petit à petit passez à des situations plus embarrassantes. Pour être efficace, l'exposition doit être progressive. Au début, prévoyez de dire non une fois par semaine, puis passez à trois fois pour enfin l'exprimer chaque jour. Elle doit être régulière. En effet, plus vous vous exercerez, plus l'anxiété baissera. C'est le phénomène bien connu d'« habituation ». Enfin, l'exposition doit être prolongée. Avant de passer à une autre étape, il faut que la situation soit bien maîtrisée et que l'anxiété ait diminué. Vous vous rendrez compte progressivement que ce n'est pas si difficile de dire non, que rien ne vient confirmer vos prédictions catastrophiques. Vous apprendrez ainsi à surmonter vos appréhensions, à corriger vos pensées négatives et votre système d'évaluation. Par là même, l'intensité de vos émotions s'atténuera peu à peu.

Récapitulons :

— Vous détendre.

— Contrôler votre anxiété.

— Modifier vos pensées automatiques et vos convictions profondes.

— Vous affirmer.

— Vous exercer.

Et maintenant, à vous de jouer !

Deuxième étape

Mettre en pratique

Afin d'illustrer la problématique du non et d'essayer de mieux cerner ce type de phénomène, pour tenter de le comprendre et de l'expliquer, nous avons interviewé des dizaines de personnes, amis, collègues ou relations. Nous leur avons demandé s'ils avaient des problèmes pour dire non ; puis, s'ils se rappelaient et pouvaient nous raconter une situation dans laquelle ils avaient éprouvé ou éprouvent encore des difficultés à dire non. Une grande majorité d'entre eux avaient rencontré à un moment ou à un autre de leur vie de telles difficultés, soulignant une fois de plus le caractère banal de cette expérience qui semble faire partie de notre lot commun. Nous avons ensuite analysé ce que nous avons entendu. Des modèles ont rapidement émergé de ces données, dont nous avons pu faire la synthèse pour en extrapoler des récits typiques. Nous les avons organisés par thèmes : le quotidien, le travail, l'amitié, l'amour, la famille. Si vous avez du mal à dire non, vous y trouverez et reconnaîtrez des situations et des réactions qui vous sont familières.

Évidemment, les noms, prénoms et situations ont été modifiés afin de protéger la vie privée des personnes qui ont bien voulu nous confier quelques-unes de leurs difficultés.

Les analyses qui suivent les récits mettent en exergue quelques-uns des points clés que nous avons déjà abordés. Pour une analyse plus approfondie des techniques qui peuvent vous aider, référez-vous à la première partie du livre.

I

Dire non sur son lieu de travail

Si le travail est l'opium du peuple, alors je ne veux pas finir drogué.

Boris Vian

Les non exprimés dans le milieu professionnel présentent des caractéristiques particulières. Ils sont liés notamment à l'importance capitale du travail dans notre vie personnelle. Pour la plupart d'entre nous, travailler, avoir et conserver un emploi préserve notre liberté et notre survie. Gagner de l'argent garantit indépendance et sécurité, c'est l'assurance de pouvoir se loger, se nourrir et se vêtir. C'est aussi la condition de base de notre participation à la vie sociale. L'argent que nous gagnons nous permet d'aller au restaurant, au cinéma, au musée, de recevoir des amis et de prendre des vacances au bord de la mer. Ces activités de loisir et de consommation définissent notre rôle dans la collectivité autant que le travail dont ils dépendent.

Le travail forge également notre identité sociale. Être reconnu et valorisé à travers un métier augmente l'estime de soi. Mais ce besoin favorise tous les compromis, tous les sacrifices pour se maintenir en place. Aussi, à la crainte du chômage qui supprime l'indépendance financière, s'ajoute celle de ne plus exister socialement. Sans oublier la crainte d'être exclu du groupe. Le travail est, pour la plupart d'entre nous, une activité collective. Nous appartenons à une équipe, travaillons ensemble, collaborons et partageons des idées ; nous nous rencontrons, discutons de projets, célébrons nos succès ou déplorons nos échecs. Nos performances individuelles ont rarement un rôle majeur sur les profits et pertes de l'entreprise. La plupart du temps, nous ne sommes qu'un maillon de la chaîne et non le « soleil » dont les actions détermineront le succès ou l'échec d'une affaire ou d'un programme. Cette position est rassurante dans la mesure où nous ne sommes pas isolés face au monde et où nous ne portons pas seuls le poids de responsabilités écrasantes. Ceux qui sont placés au sommet de la hiérarchie nous protègent, les autres nous soutiennent. Nous partageons des moments gratifiants avec nos collègues et développons des relations affables avec les autres catégories. Tout cela renforce une image de soi positive qui témoigne de notre participation active, productive, valorisante à la société.

Mais cela nous incite aussi à un certain conformisme. Être un bon joueur dans une équipe consiste, par définition, à être solidaire et à agir comme les autres afin de consolider la position du groupe. Il existe un « esprit maison » auquel il n'est pas possible de déroger. Tous, nous sommes au service de la même cause, les rôles y sont établis, à chacun d'y trouver sa place et d'y rester. Au nom de l'intérêt général et pour préserver le consensus, nous pouvons être amenés à sacrifier notre autonomie ou à accepter des décisions avec lesquelles nous ne sommes pas d'accord. Notre loyauté pourrait être remise en cause si nous osions nous faire entendre, faire reconnaître notre différence ou refuser d'abandonner nos opinions.

Au lieu de traduire nos facultés créatrices et nos qualités d'initiative, le mot non, nous le craignons, pourrait finir par menacer notre bien-être et notre position dans le monde du travail. Beaucoup d'entre nous préféreront tolérer des conditions insatisfaisantes plutôt que de mettre leur sécurité un tant soit peu en péril, choisiront de ravaler leur frustration et espéreront obtenir des « bons points » quand évaluation, promotion et hausse de salaire sont dans l'air.

Mais encore, nous pouvons aimer les gens avec lesquels nous travaillons et éviter de les décevoir ou de les stresser, même quand parfois ils profitent de nous. Parce que, dans le milieu du travail, on mélange souvent l'affectif et le professionnel. L'entreprise fonctionne comme une cellule familiale. On prend son patron pour son père, ses collègues pour frères et sœurs et on projette sur eux des attentes infantiles et irréalistes : le chef doit nous apprécier, les collègues chanter sans cesse nos louanges. On a besoin de gratitude et de reconnaissance. On est prêt à tout pour y parvenir jusqu'à se laisser... vampiriser. Lorsqu'on est lié par les sentiments, les remarques sont vécues de façon très personnelle. La moindre critique sous-entendrait : « Tu n'es plus des nôtres, on ne t'aime plus. » Dans ces conditions, on se sent vite rejeté et inexistant. En réalité, on réagit comme en famille, on se laisse piéger dans son vieux rôle d'enfant obéissant qui veut être aimé, n'ose dire non et se transforme en employé modèle mais souvent exploité.

Aussi, il est parfois difficile de trouver la bonne distance, de séparer nos intérêts professionnels de nos intérêts personnels et d'agir en conséquence.

Vanessa, une secrétaire surchargée

« Pouvez-vous corriger ce rapport et le faxer en triple exemplaire ? demande M. Renaud.

— Certainement, monsieur », répond Vanessa, intérieurement accablée. Elle a déjà une tonne de travail à terminer ; ce rapport tombe très mal. « M. Renaud aurait pu charger Delphine de ce travail, elle n'a rien à faire aujourd'hui. Eh bien non ! C'est sur moi que ça tombe ! », songe Vanessa qui soupçonne Delphine d'avoir toujours beaucoup moins de travail qu'elle. « Elle se débrouille bien, Delphine », se dit-elle avec une certaine amertume. Au début, Vanessa pensait que, puisqu'elle était nouvelle, M. Renaud voulait la mettre à l'épreuve. Ensuite, elle a pensé qu'elle était plus efficace que Delphine et ça ne lui déplaisait pas. Mais, six mois après, elle est toujours la seule qui reste tard au bureau, bien après Delphine, M. Renaud et les autres. Elle commence à en avoir marre ! Mais que peut-elle faire ? Si elle ose refuser du travail, on ne la gardera pas à la fin de sa période d'essai. Il est trop tôt pour se plaindre. Et pire encore, on peut même la mettre à la porte immédiatement.
« Vanessa, dit la voix de M. Renaud dans l'interphone. Pouvez-vous venir une minute, s'il vous plaît. » Docilement, elle se rend dans le bureau de son patron. « J'ai oublié que notre antenne de Barcelone a besoin de la transcription de la réunion de mardi. Pouvez-vous la taper aujourd'hui ?
— Je ferai mon possible, répond Vanessa, certaine que c'est impossible. Peut-être pourriez-vous demander à Delphine de le taper, suggère-t-elle timidement.
— Alors, c'est vous qui distribuez le travail maintenant ? dit M. Renaud en souriant. Vanessa se battrait d'avoir dit ça.
— Oh, non ! Je voulais juste que le travail soit fait à temps », se reprend-elle, certaine d'avoir fait une gaffe.

Que se passerait-il s'il lui répondait que, si elle n'est pas contente, elle n'a qu'à aller voir ailleurs ? Il n'y a pas tant de postes aujourd'hui. Et Vanessa se sent sécurisée par le sien, même s'il est loin d'être idéal.
M. Renaud lui tend le dossier. « Delphine est constamment débordée. » En revenant dans son bureau, Vanessa ne peut s'empêcher de jeter un coup d'œil dans celui de Delphine qui bavarde au téléphone. « Débordée ! Elle est débordée et ça s'entend ! pense-t-elle. Débordée avec le sourire et même le fou rire ! » Vanessa s'assoit face à une montagne de papiers. Elle ne pourra pas partir avant 22 heures, ou davantage. Des heures supplémentaires même pas payées ! Delphine passe devant sa porte, en route pour une pause-café.
« Delphine ! appelle Vanessa. J'ai un problème. M. Renaud vient de me donner de nouveaux dossiers à taper. Peux-tu m'aider ?
— J'aimerais bien, mais je ne peux pas pour le moment ; j'ai moi-même bien trop à faire, s'exclame Delphine. Si tu voyais le désordre sur mon bureau !
— Vraiment, dit Vanessa. J'avais pourtant l'impression que ça allait pour toi.
— Pas du tout, répond Delphine. D'ailleurs, M. Renaud sait que je suis submergée. »
Vanessa appelle chez elle pour prévenir son mari de ne pas l'attendre pour dîner. Quand il décroche, elle lui demande s'il a pu faire les courses qu'elle avait prévues. Il ne les avait pas faites.
« Je suis collée à mon bureau pendant dix heures et tu n'es pas capable de faire trois malheureuses courses et d'emmener le chat chez le vétérinaire ?
— J'ai eu des problèmes avec la voiture et j'ai dû aller la faire réparer.

— Comment, tu ne peux pas trouver cinq minutes pour emmener le chat se faire vacciner ? Tu sais que je n'ai pas une minute à moi avec ce nouveau travail. Toi, tu as le temps de faire tout ce que tu veux.

— Je fais ce que je peux, répond-il.

— D'accord, écoute, ne prépare rien pour le dîner, j'irai dehors après mon travail. »

Elle raccroche rageusement et commence à dépouiller le courrier juché au sommet de la pile.

La situation à laquelle Vanessa est confrontée est relativement banale : un subordonné écrasé de travail, qui, en plus, effectue celui d'un autre (voire de plusieurs) mais qui n'ose pas dire non à son patron qui le charge continuellement de nouvelles tâches. Dans le cas de Vanessa, des conditions annexes aggravent sa position. Elle est en phase d'essai et attend d'être engagée définitivement ; comme elle est plutôt timide, elle se sent particulièrement fragilisée pendant cette période sensible. En outre, sa collègue Delphine a réussi à convaincre leur patron que c'est elle-même, et non Vanessa, qui est surchargée de travail. Comment Vanessa va-t-elle arriver à dire non dans ces circonstances ?

Attardons-nous un instant sur les conséquences à moyen terme de ce non difficile à exprimer. Vanessa obtiendra une excellente appréciation à la fin de sa phase d'essai, sera engagée, et se retrouvera en fin de compte... complètement frustrée. Sa colère naissante vis-à-vis de Delphine ne va pas diminuer mais plutôt augmenter. Si Vanessa n'évacue pas ce sentiment en en parlant avec son patron, elle va le déplacer ailleurs, comme elle l'a déjà fait avec son mari au téléphone.

Quand elle n'arrive pas à dire non, elle se sent vite exaspérée et ne peut s'empêcher d'être désagréable avec des personnes qui lui sont proches. Vanessa risque alors de compromettre des relations qui n'ont rien à voir avec son travail. Son grand rêve de sécurité peut tourner au cauchemar ; et elle peut finir par n'avoir plus aucune tranquillité d'esprit, ni au travail ni chez elle.

Et comme si la crainte de perdre un travail potentiel n'était pas suffisante, Vanessa y ajoute des craintes personnelles qui proviennent de ses croyances, de ses pensées. Vanessa est certaine que si elle explique à son patron qu'elle est débordée, elle va être critiquée, ou pire, ridiculisée.

Vanessa doit affronter un double fardeau : sa tendance au catastrophisme et sa peur d'être mal jugée. La première éventualité la conduit à imaginer son avenir dans les termes les plus négatifs : « Si je m'oppose à ce supplément de travail, je serai renvoyée, et je n'aurai même plus assez d'argent pour nourrir le chat qui va mourir de faim » ; tandis que son anxiété d'« évaluation » la paralyse pour dire ce qu'elle ressent, quand bien même on lui en offre la possibilité. Lorsque M. Renaud laisse une chance à Vanessa de s'expliquer, elle perçoit son ton légèrement amusé comme une raillerie et immédiatement change de propos.

Pour améliorer sa situation, Vanessa doit tout d'abord étudier le caractère de son patron (en l'occurrence, le stresseur). Est-ce un mauvais homme ? Est-ce quelqu'un qui rudoie ses employés, qui n'a pas une minute à leur accorder, ou qui les critique sans cesse ? Est-ce quelqu'un qui les licencie brutalement ? Se met-il souvent en colère ? A-t-il la réputation d'être un homme arrogant ou difficile ?

Si Vanessa arrive à se poser ces questions, elle se rendra compte que, loin d'être un tyran, son patron est connu pour ses capacités d'écoute… quelque chose que Delphine a très bien compris d'ailleurs et qu'elle utilise avantageusement. Quand nous redoutons d'énoncer nos opinions ou nos sentiments, une des premières choses à faire pour atténuer l'anxiété est de créditer l'interlocuteur d'un certain potentiel de compréhension (plutôt que d'incompréhension).

Ensuite, Vanessa doit combattre sa tendance au catastrophisme en imaginant des issues positives à une discussion avec son patron ; d'autant plus facilement, qu'elle peut se sentir rassurée puisqu'elle a été engagée. Peut-être sera-t-il alerté par ses remarques et sera-t-il plus attentif aux activités véritables de Delphine au bureau ? Ou peut-être réalisera-t-il que Vanessa est vraiment efficace et qu'il peut avoir confiance en elle ?

La prochaine fois que M. Renaud lui demandera si elle peut taper un dossier alors qu'elle n'en a vraiment pas le temps, elle peut s'imaginer répondant : « Je voudrais bien vous rendre ce service, mais j'ai déjà passé huit heures devant mon ordinateur. Je crois que je ne pourrai pas être aussi efficace si j'en fais plus. Pouvons-nous trouver une autre solution ? » Ou encore : « Je peux rester plus tard demain soir, ou venir plus tôt demain matin. »

Le simple fait d'exprimer simplement ce qu'elle ressent et d'énoncer une proposition alternative positive et constructive aidera Vanessa à trouver une voie pour sortir de l'impasse avant que cela ne devienne une source permanente de malaise dans sa vie.

Les invitations de Philippe

« On peut déjeuner ensemble aujourd'hui ? demande Philippe à Hélène.

— Je ne peux pas, merci, répond Hélène. J'ai rendez-vous chez le médecin.

— Rien de sérieux, j'espère.

— Une visite de routine, réplique Hélène, continuant à taper sur son clavier pour faire comprendre à Philippe qu'elle travaille.

— Peut-être demain alors ? insiste Philippe.

— Je suis très occupée toute la semaine », répond Hélène en espérant qu'il va comprendre à demi-mot. Il n'en est rien. Un peu plus tard, devant la photocopieuse, il essaie encore.

« On pourrait aller au cinéma en sortant du bureau ?

Elle sourit d'un air gêné.

— J'ai un dîner de famille.

— Et demain ?

— Demain, j'ai mon cours de gym. Désolée, Philippe. »

Elle sort de la pièce. Philippe la regarde. C'est la fille la plus charmante qu'il ait jamais vue dans les assurances. Et en plus, célibataire. Mais il va falloir du temps, pense-t-il, pour vaincre sa résistance. Deux jours après, dans le couloir, il lui annonce qu'il a des billets pour le théâtre et lui demande de l'accompagner.

« Cela me plairait beaucoup, réellement, dit Hélène, mais, je suis absente ce week-end. »

« Est-ce que ce type va me lâcher les baskets ? pense Hélène. Oh ! Il ne peut plus insister maintenant, il a dû comprendre. » C'est alors qu'elle aperçoit un petit paquet bleu sur son bureau. « Prendrons-nous un verre très bientôt ? » lit-elle sur la carte de visite qui accompagne un porte-clés, et qui est signée : « Ton admirateur fervent, Philippe. »

« Tu es libre ce soir ? demande-t-il, surgissant sur le pas de la porte. Elle le remercie pour le cadeau.

— Je fais du shopping avec Paule.

Il revient à la charge en souriant :

— Peut-être demain, alors ? »

Hélène n'en peut plus. Après tout, ce n'est pas un mauvais bougre, même s'il n'est pas son genre. « Peut-être », répond-elle, pensant que, de toute façon, elle ne pourra

> échapper à un verre tôt ou tard. Et d'ailleurs elle se promet d'en profiter pour mettre les choses au point avec lui, enfin !

De nombreuses femmes se sont trouvées dans une situation identique à celle vécue par Hélène – dire non à un admirateur encombrant et insistant. Ce type de circonstances se rencontre assez souvent dans le milieu du travail, qui est un lieu de vie où nous côtoyons les mêmes personnes quotidiennement huit heures par jour. Un badinage affectueux peut aider à pimenter la monotonie des journées, en particulier s'il est basé sur la réciprocité.

Hélas, ce n'est pas toujours le cas et dans celui de Philippe et d'Hélène encore moins. Mais Philippe est obstiné, résolu à obtenir ce qu'il veut même quand toutes les chances semblent être contre lui. En réalité, Philippe interprète le non inexprimé d'Hélène comme un oui possible, comme une incitation à persévérer.

Maintenant, examinons la situation du point de vue d'Hélène. Être désirée n'est pas une épreuve forcément désagréable... même si cette inclination n'est pas partagée. Cela peut même parfois être valorisant. Néanmoins, qu'elle ne réussisse pas à refuser une invitation peut suggérer une connivence involontaire de sa part. Au plus profond d'elle-même, peut-être Hélène n'est-elle pas si sûre de vouloir repousser Philippe. Si elle analysait plus précisément ses sentiments, peut-être découvrirait-elle en fait, qu'elle souhaite qu'il continue ses « grandes manœuvres », et que ne pas pouvoir dire non directement ressemble à un encouragement de sa part.

Et qu'elle s'imagine un jour prenant un verre avec Philippe renforce cette interprétation et soulève la question abordée dans le chapitre IV : Avez-vous réellement l'intention de dire non ? En effet, si vous n'êtes pas fortement déterminé à dire non, tous les conseils donnés et toutes les méthodes exposées dans ce livre ne pourront vous aider durablement. Pour qu'un non soit effectif, il doit être étayé par une véritable résolution. Comme un immeuble construit sur des fondations défectueuses, un non qui n'est pas soutenu par une forte conviction intérieure n'a aucune chance d'avoir des effets positifs ; il va s'écrouler à la moindre occasion.

Supposons qu'Hélène ait vraiment envie de dire non. C'est en tout cas ce qu'elle pense, ce dont elle est sûre. Ses dérobades répétées, en l'occurrence le mensonge, se substituent à un non direct qu'elle a peur d'exprimer. Elles lui paraissent un bon moyen pour éviter de dire un non qui, selon elle, aurait l'effet d'un coup de poing. Après tout, Hélène rencontre Philippe chaque jour, et ce n'est pas un mauvais garçon. Elle ne souhaite pas le blesser ni l'embarrasser, ni se mettre dans une position difficile. En fait, un tel raisonnement aboutit exactement à l'effet inverse. Elle est considérablement gênée par les tentatives de Philippe ; elle doit sans cesse inventer des excuses et être constamment sur ses gardes.

Quant à Philippe, il va forcément un jour ou l'autre ressentir une déception à la mesure de ses espoirs, qu'elle n'a pas découragés immédiatement par un non clair et ferme. Son indétermination induit un malaise qui peut finir par dégénérer.

Une technique – le réaménagement de l'espace interpersonnel – s'avère efficace pour faciliter l'expression d'un non difficile. Mais ceci à partir du moment où Hélène aura pu admettre que son non n'a pas un caractère de gravité tel qu'il risque de lui faire perdre son travail ou qu'il brisera sa vie ou celle de Philippe ; c'est-à-dire quand elle sera sûre de pouvoir et vouloir dire non.

À cet effet, au lieu de fuir, de garder ses distances, Hélène peut délibérément réduire l'« espace vital » entre elle et Philippe afin d'amortir son non et en même temps montrer qu'elle domine la situation, qu'elle ne l'évite pas ; une stratégie qui se révèle particulièrement opérante quand elle est associée à une reconnaissance des sentiments de l'autre. La prochaine fois que Philippe entrera dans son bureau et lui demandera si elle veut déjeuner avec lui,

Hélène devra s'approcher de lui – mais, pas trop près – et lui déclarer avec assurance : « Je suis flattée que tu t'intéresses à moi et que tu veuilles me connaître mieux, mais ce n'est pas possible. J'aime bien travailler avec toi, mais nos relations ne peuvent sortir de ce cadre. »

Exposée aussi nettement et fermement, sa détermination ne pourra que refroidir la « flamme » de Philippe tandis qu'elle préservera leurs relations professionnelles.

Le client grognon

« Bonjour, agence Sky-Jet, dit Stéphane.
— M. Derli à l'appareil. Je téléphone à propos de mon voyage en Australie », déclare une voix sèche.
Stéphane sent sa gorge se serrer. Il a déjà eu ce M. Derli au téléphone une dizaine de fois en quinze jours ; se plaignant qu'il ne comprenait rien, que l'hôtel qu'il avait réservé à Coral Reef n'était pas celui qu'il avait sélectionné sur la brochure, que le prix qu'on lui demandait pour son supplément de bagage ne correspondait pas à celui donné par la compagnie d'aviation, etc.
« Que puis-je faire pour vous aujourd'hui ? demande-t-il gentiment.
— Je veux changer la date de mon excursion à Ayer-Rock, dit-il. Du 16 au 18, au lieu du 15 au 17.
— Mais vous avez retenu cette date hier.
— J'ai le droit de changer d'avis et vous êtes payé pour vous adapter », répond le client d'un ton sec. « Malheureusement, c'est vrai, pense Stéphane. C'est le slogan de cette fichue boîte : tout pour le client. »
— Vous êtes là pour me rendre service et pas le contraire, poursuit M. Derli.

— Je vais voir ce que je peux faire, monsieur.
Stéphane met M. Derli en attente pendant qu'il essaie de trouver une solution.
— Dites donc, vous en avez mis un temps !
— Je suis désolé, mais l'hôtel est plein, on ne peut pas changer les dates.
— Comment ça, l'hôtel est plein ? Mais hier il y avait encore de la place !
— L'hôtel est malheureusement plein aujourd'hui, reprend Stéphane d'un ton égal alors qu'il a envie de hurler.
— Écoutez ! J'ai choisi votre agence parce que vous prétendez satisfaire le client en toute occasion. Eh bien ! Je ne suis pas satisfait.
— Je suis désolé, monsieur, répond Stéphane platement.
— Je vais annuler mon voyage en Australie, réplique M. Derli. Je vais aller en Afrique du Sud. (Stéphane se mort les lèvres.) Et cette fois, tâchez d'être à la hauteur. »
Se retenant pour ne pas exploser, Stéphane demande :
« Quand voulez-vous partir, monsieur ? »

Ceux d'entre nous qui occupent un poste dans des sociétés de service savent que dire non à un client est quasiment une faute professionnelle. Et dans la mesure où son travail consiste à satisfaire le consommateur, Stéphane doit donc répondre aux demandes de M. Derli... mais le doit-il vraiment ?

Même si leurs salariés sont également rémunérés pour affronter et résoudre un certain nombre de situations difficiles ou désagréables, les patrons ne souhaitent pas les voir malmenés trop durement. Le stress dû à des conditions de travail peu ou pas satisfaisantes mine le moral des employés qui vont devenir moins productifs, et entraîne souvent un fort taux de maladies professionnelles et d'absentéisme. Ce n'est l'intérêt ni de l'employeur ni de son entreprise d'avoir des employés qui sont l'objet de mauvais traitements répétitifs ; de même, il est rare qu'on rêve d'un travail qui rend malheureux ou qu'on recherche un travail insupportable.

En s'efforçant de faire son métier le mieux possible, peut-être Stéphane a-t-il exagéré ce qu'il doit à son entreprise. Peut-être n'existe-t-il qu'à travers son statut professionnel ? Peut-être aime-t-il tellement son job qu'il essaie toujours de se comporter en employé modèle ? Mais quelles qu'en soient les raisons, en assumant la conduite grossière de M. Derli, Stéphane a placé son devoir professionnel avant son droit d'être traité avec civilité et respect.

En se retranchant ainsi derrière ses responsabilités professionnelles, il met de côté ses prérogatives personnelles et ne se considère plus comme un individu à part entière ; il s'efface de manière trop excessive en assignant à ses exigences professionnelles un idéal de perfection. D'autant plus que personne ne demande à Stéphane de sacrifier son amour-propre ou d'accepter d'être exploité abusivement ; il n'a pas été engagé pour devenir un saint ou un martyr !

Stéphane devrait tenter de faire une distinction entre ses besoins personnels et ses responsabilités au travail. Si M. Derli est un client important, qui voyage fréquemment, il peut par exemple demander à son chef de s'occuper de lui en expliquant les tenants et les aboutissants de ses relations avec ce client. Mais si la clientèle de M. Derli n'est pas primordiale pour l'agence, Stéphane peut se permettre de risquer de perdre ce client, en assumant ses propres sentiments : « Non, monsieur, je suis désolé mais je ne pourrai pas m'occuper de votre voyage en Afrique du Sud. » Il doit savoir qu'un client aussi difficile que M. Derli coûte plus à l'agence, eu égard au temps passé pour le satisfaire, qu'il ne lui rapporte. Et si M. Derli se lance dans une nouvelle altercation verbale, Stéphane devrait calmement lui suggérer de s'adresser à une autre agence.

Mais, plus généralement, on peut conseiller à Stéphane d'apprendre à se relaxer, soit qu'il ait eu une dure journée, soit qu'il doive affronter un client difficile ou organiser un voyage compliqué. Pratiquer un certain nombre d'exercices de relaxation chez lui ou au bureau pourra lui éviter d'être en permanence crispé et mal à l'aise. Ils l'aideront à supprimer la tension superflue tant musculaire que psychique à laquelle il est soumis. Ils lui apporteront le calme intérieur nécessaire pour affronter des situations stressantes, qu'il pourra aborder avec sang-froid et sérénité.

Si, en outre, il peut choisir et se représenter mentalement des images plaisantes chaque fois qu'il se sent anxieux, leurs effets amplifieront la sensation de détente. En remplaçant peu à peu ses réactions émotives exagérées par des réactions plus équilibrées, il sera capable de répondre aux agressions avec un maximum d'économie. Cela lui donnera la possibilité de prendre ses distances envers certains clients désagréables, de continuer à être courtois et disponible sans mettre sa santé en danger.

Aussi, le dialogue avec M. Derli pourrait-il peut-être s'améliorer si Stéphane, détendu, après avoir pris une grande respiration, utilisait la technique de l'écran de brouillard – une façon de ne jamais donner prise à l'autre, tout en ne s'opposant jamais vraiment à ce qu'il dit et qui finit par désarçonner les adversaires les plus aguerris. Dans un tel contexte, des propos hostiles perdent inévitablement de leur force.

« Dites donc, vous en avez mis un temps !

— Oui, cela m'arrive parfois d'être un peu plus lent. Je suis désolé, l'hôtel est plein, on ne peut pas changer les dates.

— Mais, hier il y avait encore de la place !

— C'est vrai, hier, il y avait de la place.

— Et, aujourd'hui, il n'y en a plus !

— Non, aujourd'hui il n'y en a plus.

— Mais, pourquoi ?

— Je me demande bien pourquoi aussi.

— Mais, vous êtes là pour me le dire !

— Je n'ai pas toujours toutes les réponses.

— Je ne suis pas satisfait.

— Je comprends que vous ne soyez pas satisfait.

— Mais quand même, est-ce que vous pensez que je peux toujours partir en Afrique du Sud ?

— Toutes vos réservations sont faites.

— Mais vous pensez qu'il n'y a pas moyen de changer ces dates.

— Je ne pense pas qu'on puisse changer ces dates.

— Bon, je vois bien que je suis coincé. S'il n'y a rien à faire, je partirai comme prévu.

Lydie, une stagiaire trop zélée

Blanche a choisi Lydie comme stagiaire au journal parce que, parmi tous les candidats, Lydie semblait la plus motivée, la plus intelligente, la plus dynamique. Elle lui confie un travail de routine : vérifier un article sur l'argenterie ancienne. Mais, quand cet article revient avec une ponctuation différente, Blanche s'étonne. Ce ne sont pas des changements majeurs, ils dénotent même une bonne maîtrise de la grammaire, mais ils ne paraissent pas essentiels. Et puis, surtout, ils alourdissent le texte. Blanche pense qu'elle en parlera plus tard à Lydie quand celle-ci aura un peu plus d'expérience. Elle ne souhaite pas la bousculer. Elle aime les gens qui prennent des initiatives, et Lydie est si charmante avec elle, pas comme cette bande de cyniques qui la charrient à la moindre occasion. Mais, quand la même chose se produit une seconde fois, Blanche est bien embarrassée. Elle

suggère gentiment à Lydie de ne pas trop modifier ses articles avant de lui avoir demandé son avis.
Lydie paraît étonnée, « Je croyais bien faire, répond-elle sans l'ombre d'un regret.
— J'aurais dû vous en parler avant, bien sûr », dit Blanche, vaguement mal à l'aise. Elles en restent là.
Quelques jours plus tard. Blanche relit son article pour la troisième fois ; elle n'en croit pas ses yeux. Lydie a changé certaines phrases, remodelé le plan, ce n'est plus le même article. Que faire ? D'autant plus qu'il est déjà à l'imprimerie. Elle sent la panique la gagner et va en parler à la rédactrice en chef.
« Tu dois la licencier, répond Martine.
— Mais, sous quel prétexte ? Et comment je vais lui dire ça ? répond Blanche anxieusement.
— Écoute, je vais le lui dire, moi. Ça prendra cinq minutes. »
Blanche, bouleversée, prétexte une interview urgente pour ne pas assister à l'explication et sort en évitant de croiser Lydie dans les couloirs.

Blanche essaie de dire non quand sa stagiaire outrepasse ses droits... mais essaie-t-elle vraiment ? Blanche semble éprouver des sentiments contradictoires envers Lydie. D'un côté, elle la trouve charmante et l'admire pour son intelligence, ses capacités à travailler dur et surtout pour son sens de l'indépendance et de l'initiative. D'un autre côté, elle ne peut se permettre d'avoir des problèmes au journal à cause de quelqu'un qui prend seule ses décisions. Aussi, empêtrée dans ses contradictions, ne dit-elle rien la première fois que Lydie commet un écart ; comme si elle annulait la faute en décidant de l'ignorer. La fois suivante, quand elle se décide à lui parler, son message est embrouillé et manque de conviction.

Blanche n'ose pas affronter Lydie ; et elle va tout faire pour éviter une confrontation.

Ironie du sort, un tel évitement est la garantie assurée de confrontations ultérieures plus difficiles à gérer. C'est ce que pressent Blanche quand plus tard, Lydie ayant dépassé les bornes, elle doit réagir sans plus tarder. Blanche se rend compte qu'elle n'a pas été à la hauteur de sa tâche, qu'elle a, en quelque sorte, démissionné. Si elle avait pu dire clairement et tout de suite à Lydie que certains aspects de sa conduite étaient incompatibles avec sa fonction, celle-ci serait sans doute restée à sa place, et n'aurait pas tenté d'usurper la sienne. Mais maintenant, il est trop tard. Les initiatives de Lydie ont empiété sur les responsabilités de Blanche, ont mis en péril son travail, au point qu'elle doit se couvrir en allant en parler à sa rédactrice en chef. Pas étonnant qu'elle se sente si oppressée.

Dans ce genre de situations, quand Blanche doit affronter un non, son anxiété et sa peur sont si fortes, qu'elle est obligée de prendre la fuite. Mais elle a beau courir, elle n'échappera pas aux conséquences de son non inconsistant. Il va faire retour à n'importe quelle occasion, sous n'importe quelle apparence. Comment Blanche peut-elle sortir de ce cycle éprouvant ?

En tout premier lieu, quelqu'un comme Blanche, qui éprouve des difficultés considérables à se confronter à un vrai non, doit absolument être consciente des situations dans lesquelles il lui est impossible de dire non, quand, avec qui, dans quelles circonstances. Si elle prend le temps de noter ces faits dans un cahier, elle découvrira assez rapidement les traits marquants de sa conduite. Dans ce cas, reconnaître ce qu'on ressent, ce qu'on vit est la première étape pour arriver à maîtriser ses émotions et ses réactions.

Et notamment, elle pourra prendre conscience que ses difficultés à dire non semblent liées à des difficultés à assumer une certaine autorité ; une autorité qui lui revient de droit puisqu'elle est la supérieure hiérarchique de Lydie. Elle est donc en « position haute » dans cette relation complémentaire et doit prendre ses responsabilités, imposer sa volonté quand les circonstances l'exigent... bien sûr, toujours avec tact et dans le respect de l'autre.

Blanche, qui semble manquer de confiance en elle, est actuellement incapable de remplir ce rôle. Elle a besoin que quelqu'un d'autre prenne sa place : sa rédactrice en chef qui joue ici les bonnes mères de service en acceptant d'être le porte-parole de Blanche. Pouvoir en prendre conscience lui permettra au moins de se demander pourquoi elle recherche toujours un intermédiaire dans ce type de situations et peut-être de commencer à se remettre en question, être un peu moins dépendante. Avec le temps – au lieu de sombrer dans la panique la plus totale et de se retrouver une fois encore incapable de dire non – elle pourra plus facilement anticiper ses réactions et reprendre confiance en elle.

Dans cette optique, Blanche devient la candidate idéale pour faire une critique en l'associant à la technique du disque rayé, c'est-à-dire exprimer ses remarques fermement, en son nom propre et avec persistance – un excellent moyen pour faire accepter un non, particulièrement dans le milieu du travail. En ce qui concerne Blanche et Lydie, la discussion pourrait alors prendre la tournure suivante :

« Vous avez changé la ponctuation et une partie du texte de cet article sans m'en parler d'abord.

— Je croyais bien faire.

— C'est ce que vous pensez, mais moi, je pense différemment et je vous demande de venir me voir avant de faire le moindre changement. Je suis responsable de ce texte et je ne veux pas que vous le modifiiez sans mon consentement.

— Mais, je voulais vous montrer que je peux corriger un texte.

— Je comprends, mais vous devez m'en parler, je suis là pour ça.

— J'essayais de vous aider, pour que vous ayez moins de travail.

— C'est gentil, mais ce n'est pas votre rôle, vous êtes là pour apprendre et moi, je suis là pour vous aider, pas le contraire ; quand quelque chose ne va pas, vous devez venir m'en parler.

— Je pensais que mes changements étaient valables.

— Si vos changements sont valables, je dois les approuver et pour cela, vous devez me les montrer.

— Je le ferai la prochaine fois.

— C'est bien que nous ayons pu parler de ce problème, ça évitera les malentendus à l'avenir. »

Quand l'interlocuteur est particulièrement résistant, à la fin de l'échange, vérifiez qu'il a bien compris la teneur de votre message. Si Blanche avait pris ce type de précaution avec Lydie, elle aurait encore probablement une stagiaire à ses côtés.

Sandrine rattrape son retard

Sandrine, jeune et brillante professeur, travaille dans un établissement privé. Christian, le nouveau directeur, l'estime beaucoup, en dépit de sa fâcheuse tendance à être en retard le matin. Au début, il passait là-dessus mais, après un certain temps, les étudiants ont commencé à se plaindre et il comprit qu'il devait en parler à Sandrine. Pas le genre d'entretien qu'il préférait. En outre, Sandrine supporte mal les critiques. Mais il faut qu'il lui parle, s'encourage-t-il, sinon il va perdre des élèves. La situation est d'autant plus compliquée qu'ils sont amis, dînent parfois ensemble en sortant du collège.

« Je dois te parler », dit-il à Sandrine quelques jours après. Il lui explique que « Oh ! ce n'est pas moi qui dit cela, mais certains étudiants se sont plaints que certains

cours commençaient à 8 heures alors qu'ils attendaient depuis un quart d'heure et...
— Quels étudiants ? Quels cours ? demande Sandrine sèchement.
— Je ne te reproche rien, tu es une excellente enseignante, tu passionnes tes élèves...
— Alors où est le problème ?
— On m'a dit que tu n'étais pas toujours à l'heure.
— Qui, "on" ? Tu crois tout ce qu'on te dit, je pensais que tu étais plus intelligent.
— Mais, je n'y suis pour rien, ce n'est pas moi qui te critique.
— Ah ! Parce que "on" me critique en plus ! C'est trop fort ! Je viens donner des cours dans ton école bidon et en plus "on" me critique, dit Sandrine en criant. Si tu faisais ton boulot, ça n'arriverait pas, mais tu préfères surveiller ta moto plutôt que surveiller ton école. Puisque c'est comme ça, je démissionne. Salut. »
Christian est atterré ; il se précipite pour rattraper Sandrine, mais elle a déjà disparu. Il reste pétrifié sur le seuil de son bureau.

Comme Blanche dans le précédent récit, Christian a du mal à assumer son rôle et à faire preuve d'autorité. Par conséquent, il ne se résout pas à aborder le problème de ses retards avec Sandrine. Il aurait dû lui dire beaucoup plus tôt : « Tu arrives très souvent en retard pour donner tes cours. Je suis responsable de cette école et je te demande de faire des efforts pour être à l'heure. » Comme Blanche, Christian laisse la situation se dégrader, et ne se décide à intervenir que contraint et forcé par les plaintes renouvelées des étudiants. Si Blanche peut compter sur quelqu'un d'autre pour dire non à sa place, Christian ne peut en faire autant.

Néanmoins, il utilise un procédé presque analogue ; il se prétend hors du coup, alléguant que les reproches ne proviennent pas de lui. Le fait de se référer à d'« autres » qui, eux, émettent des critiques envers Sandrine, aggrave la situation. En ne disant pas ce qu'il pense et en se retranchant derrière les autres pour exprimer ce qu'il veut dire, Christian en arrive à délivrer un message confus, équivoque, qui reflète sa propre ambiguïté et le rend vulnérable aux attaques de Sandrine. Qui plus est, ce n'est pas quelqu'un qui accepte facilement un non.

Comme nous l'avons observé dans le chapitre III, la plupart des responsables n'ont pas de mal à dire non dans le milieu du travail, parce qu'ils ne perçoivent pas leur non comme personnel. C'est l'entreprise qui dit non, pas eux. Dans le cas de Christian, il semble qu'il éprouve des difficultés à faire la part entre sa vie professionnelle et sa vie privée. Le fait qu'il dîne de temps à autre avec Sandrine est suffisant pour provoquer ce type de confusion. Cependant, c'est à son entreprise qu'il doit donner la priorité. Si, avant de parler à Sandrine, il avait pris le temps de réfléchir afin de donner à ce non un aspect plus institutionnel, il aurait très probablement eu plus de facilité à l'énoncer... et plus de succès.

La réaction de Sandrine au non maladroit de Christian évoque, en outre, une importante question concernant le rapport à l'interlocuteur. Que faire lorsque nous sommes confrontés à quelqu'un qui n'accepte pas notre non ? Et encore pire, comment répondre à l'hostilité ?

La première chose à faire, lorsqu'on doit se mesurer à une situation où les réactions de l'autre peuvent être agressives, est de s'y préparer. Ou encore, quand on perçoit les premiers indices d'une réponse hostile, il faut s'armer d'une solide dose de résistance. Dans tous les cas, constater et accepter la possibilité d'une réaction agressive permet de mieux la contrôler et, par là même, de mieux se contrôler.

L'hostilité est destinée à vous provoquer, à vous déstabiliser, à vous rendre nerveux, à vous faire perdre votre self-control, bref à vous empêcher de tenir vos positions et à vous obliger à vous rétracter. Au lieu de paniquer comme Christian, il vaut mieux mentalement se dire : « La réaction à mon non est une réaction hostile, mais je ne vais pas y céder. » Reconnaître que vous êtes en train de vivre une situation agressive va déjà vous permettre de la neutraliser en partie.

Une technique efficace pour se sortir de ce type de situation peut consister à exprimer vos émotions négatives. Christian peut, par exemple, dire à Sandrine qu'il est déçu par son attitude et qu'il ne comprend pas pourquoi elle se met en colère alors qu'elle est dans son tort. Que c'est plutôt lui qui devrait se mettre en colère parce qu'il est mécontent de sa conduite. Qu'il est responsable de la bonne marche de l'institution et que les conséquences des retards répétés d'un professeur peuvent lui créer, à lui, des ennuis. Qu'il ne comprend pas qu'elle ne l'admette pas, voire qu'elle s'en moque complètement.

Il peut aussi proposer qu'ils cherchent tous les deux une solution à ce problème. Ainsi, il met en avant ses responsabilités et ses propres sentiments et ne ferme pas la porte à la résolution d'un conflit auquel il associe Sandrine.

En dernière instance, si Sandrine persiste dans son attitude agressive, il peut en conclure que quelqu'un qui prend son travail trop à la légère et qui démissionne au moindre problème n'est probablement pas un bon élément pour son institution. Une fois encore, si Christian peut faire la part entre ses sentiments personnels et professionnels, il doit y trouver le courage d'affirmer son non et de bonnes raisons d'en assumer les conséquences.

Léo, une réputation usurpée

Léo et Denis sont tous deux ingénieurs-conseils dans le même établissement depuis un an. Sortis de la même université, ils touchent le même salaire, et travaillent souvent sur les mêmes dossiers. Leur dernier travail en commun leur a pris beaucoup de temps parce que l'analyse de l'entreprise était plus délicate que prévu. Ils se sont partagés la tâche : Léo, l'étude des questions financières et économiques ; Denis, l'étude de l'impact du changement sur le personnel. Ils remettent leur rapport et, deux jours après, M. Godeau, le grand patron, les convoque dans son bureau. Denis est inquiet ; Léo, pas du tout.

« Je vous ai fait venir, dit M. Godeau, pour vous féliciter. J'ai particulièrement été impressionné par la partie traitant des conflits au sein de l'équipe...

— Merci beaucoup, monsieur, nous avons particulièrement travaillé cette partie », répond Léo. « Comme s'il était l'auteur de cette partie qui est *la mienne*, pense Denis. Pourquoi est-ce que ça se passe toujours comme ça ? Ah ! Ça n'arrive qu'à moi. »

— Elle dénote un sens aigu de la psychologie humaine qu'il est très rare de rencontrer, poursuit M. Godeau. Vous nous avez fait gagner beaucoup de temps. Les ressources humaines représentent un poste auquel nous devons accorder la plus grande attention. C'est aussi le plus complexe.

— Je suis tout à fait d'accord avec vous ; j'ai d'ailleurs beaucoup d'idées là-dessus, reprend Léo.

— Moi, aussi, intervient Denis. » Trop tard : M. Godeau ne s'adresse plus qu'à Léo.

« Encore bravo. Au revoir.

> — Youpi ! s'exclame Léo, ça roule.
> — Bonne nouvelle », répond Denis.
> Il ne sait que dire à Léo, aussi ne dit-il rien. Et, quand le mois suivant, M. Godeau proposa à Léo de travailler dans son équipe, Denis reste muet. Mais il se sent lésé, incompris et décide de changer d'agence.

L'animosité de Denis surgit lorsque Léo s'attribue les mérites d'un travail dont Denis s'est chargé. Mais il n'ose rien dire ni devant leur patron ni, plus tard, à Léo. Or, étant donné les circonstances, Denis et Léo devraient avoir une relation d'égalité ; ce n'est pas le cas. Comme nous l'avons montré dans le chapitre V, une telle relation dite « symétrique » peut facilement basculer et se transformer en situation « pseudo-symétrique », où tous les moyens seront alors utilisés pour se montrer plus fort que l'autre, plus intelligent, plus efficace. Quand la relation est ainsi déséquilibrée, si vous avez des difficultés pour vous faire reconnaître, vous devez faire deux fois plus d'efforts pour que votre non existe. C'est ainsi que le handicap de Denis, qui a du mal à se mettre en avant et à contrecarrer Léo, l'empêche de dire devant leur patron : « C'est moi qui me suis chargé de l'étude des relations humaines. » Il ne réussira pas davantage à discuter de ce problème avec Léo. Ce comportement passif s'articule à une tendance à la « personnalisation ». Autrement dit, on peut penser que Denis s'attendait à ce qui s'est passé et se réfugie derrière le « Je m'en serais douté, c'est toujours pareil, ça n'arrive qu'à moi », comme s'il ne pouvait avoir aucun impact sur une situation et que toute intervention de sa part était inutile. Ses réactions le conduisent ainsi à être manipulé par des événements ou des personnes qui le dominent aisément. Et, bien évidemment, il se retrouve victime d'une injustice sans pouvoir exactement en analyser les raisons ou en désigner l'auteur. En s'apitoyant ainsi sur son sort, Denis évite de réfléchir aux causes de son malaise et de trouver des solutions qui pourraient lui permettre de se sortir de cette impasse. La seule réaction qu'il ait, c'est de prendre la fuite et de changer de firme. En agissant ainsi, il évacue la question de sa propre responsabilité et pense résoudre son problème. Mais il va bien entendu se retrouver à un moment ou à un autre dans le même genre de situation. Comment pourra-t-il tenir dans ces conditions ?

Cette certitude que « ça n'arrive qu'à lui » est probablement sous-tendue par une croyance irrationnelle, sorte de morale personnelle qui, comme nous l'avons vu dans les chapitres V et VI, agit à notre insu, toujours dans le même sens, et nous dicte en sourdine depuis toujours notre conduite, nos pensées. Dans le cas de Denis, cette croyance pourrait s'exprimer ainsi : « Je dois être respectueux et ne jamais contredire une personne qui s'impose à moi. » Par conséquent, un tel individu aura toujours raison. En l'occurrence, son patron, qui a désigné Léo comme le meilleur élément du tandem. Son diktat ne peut être remis en question par Denis qui, alors, agirait contre ses convictions les plus intimes, qui sont le fondement et le garant de sa personnalité. Mieux vaut être passif, voire se laisser faire et exploiter.

Pour aider Denis à changer, on ne peut que lui conseiller d'examiner attentivement ses croyances irrationnelles, de prendre conscience de leur caractère rigide et dommageable. Ce qui n'est pas facile : elles sont profondément ancrées en lui depuis fort longtemps et le protègent probablement, même si elles le font mal. Le « Pourquoi ? Et alors ? », comme nous l'avons vu dans le chapitre VI peut se révéler ici particulièrement efficace.

« Je dois être respectueux et ne jamais contredire une personne qui m'en impose.

— Pourquoi ?

— Parce que je me sens tout de suite inférieur.

— Et alors ?

— Je ne veux pas le montrer.

— Pourquoi ?

— Parce que j'ai toujours vécu comme ça, j'ai toujours souffert de me sentir inférieur.

— Et alors ?

— Je ne peux pas lutter.

— Pourquoi ?

— Je me sens comme un enfant devant ses parents.

— Et alors ?

— Je ne peux pas m'opposer à eux, ils sont plus forts que moi.

— Et alors ?

— Je préfère m'écraser. »

La prise de conscience de l'« enfant qui persiste en lui » peut déterminer Denis à ne plus incriminer la fatalité comme explication de tous ses malheurs. Elle l'engagera aussi vers d'autres modes de comportement, puisqu'il aura alors la possibilité de modifier et d'assouplir ses croyances fondamentales. Il s'agira pour lui de repérer plus précisément quand et où ces schémas sont agissants et sur qui il les projette. Le fait de s'interroger ainsi l'amènera progressivement à ne plus supporter le rôle de perdant qu'il s'était assigné et à changer.

II

Dire non aux amis

Mon dieu, protégez-moi de mes amis ; mes ennemis, je m'en charge.

Sacha Guitry

Dire non à des amis peut paraître extrêmement délicat. Comment se risquer à blesser ou à offenser quelqu'un qu'on aime bien et avec qui on passe de très bons moments ? En même temps, les relations amicales sont le lieu par excellence de la discussion, des débats d'idées. Comment concilier la peur de froisser un ami en le contredisant et le désir légitime d'exprimer nos opinions ?

Considérons ce que l'amitié signifie à notre époque. Tous les vieux adages sont encore d'actualité : « Avoir des amis, c'est être riche » ; « Un vieil ami est le plus fidèle des miroirs » ; « Vivre sans amis, c'est mourir sans témoins ». Les amis passent du temps, se divertissent ensemble et partagent les mêmes intérêts. Et bien souvent, nous préférons aller au cinéma, assister à un spectacle, partir en vacances ou dîner en compagnie d'un ou de plusieurs amis plutôt que d'effectuer ces activités tout seul. L'amitié nous protège contre la solitude. En contrepoint, avoir des amis nous rassure sur nos capacités de sociabilité ; savoir que d'autres personnes souhaitent passer du temps avec nous, nous valorise et nous assure de notre ouverture aux autres.

Aujourd'hui plus que jamais, le soutien de nos amis est crucial pour notre bien-être. Dans la mesure où le rôle traditionnellement dévolu à la famille a évolué – foyers plus mobiles ou éclatés – les amis ont pris le relais. Nous avons maintenant tendance à nous tourner vers un ami dans une période de crise plutôt que vers nos parents. Cette situation est encore plus évidente pour ceux d'entre nous qui sont « en exil », éloignés de leur pays. Non seulement nos amis nous aident quand nous en avons besoin, mais ils constituent de bien des façons notre famille substitutive. On les a choisis, on a besoin de leur affection et de leur appui.

Ainsi, les amis jouent un grand rôle dans nos vies, un rôle d'entraide. Au fur et à mesure des expériences partagées avec eux, les liens se consolident. Nous nous sentons soudés à nos amis par une cohésion qui se veut sans faille. L'amitié sous-entend une confiance réciproque, une solidarité, nous pouvons compter les uns sur les autres, nous confier les uns aux autres et nous aider mutuellement. À qui parler de ce qui nous tient à cœur sinon à un ami ? Que deviendrait-on sans son écoute attentive, quand la voiture tombe en panne, quand on est victime d'un cambriolage, quand le travail est menacé, quand un enfant est en difficulté, quand la maladie ou d'autres événements malheureux surviennent ? Les amis nous procurent alors un soutien indispensable pour réfléchir et prendre des décisions ; ils sont toujours là en cas de besoin. Et réciproquement. En outre, c'est flatteur d'être le confident/conseiller. Cela crée des liens très intenses, privilégiés, on se sent indispensable et... tout-puissant : celui qui non seulement soulage, mais juge, donne sa bénédiction ou condamne.

Cependant, si l'amitié est un engagement qui sous-entend présence, écoute et disponibilité, elle ne doit pas se transformer en un sacerdoce. Nous ne sommes pas de bons samaritains toujours prêts à dépanner, à consoler. Et nous ne sommes ni armés ni compétents pour devenir le psy de nos amis. Une relation amicale est une relation égalitaire où seul l'échange a sa place. Quand les liens amicaux deviennent abusifs, quand on donne sans rien recevoir, quand la dépendance remplace la réciprocité et le respect mutuel, en d'autres termes, quand un ami devient un poids ou tente de nous manipuler en exploitant notre bienveillance et notre bonne volonté, il est temps de poser des limites.

Mais comment ?

Frédéric, le copain du copain

Michel et Jean sont des amis d'enfance. Ils se voient peu, leurs occupations respectives les ont progressivement éloignés l'un de l'autre. Jean est marié, avec des enfants, il travaille comme infographiste dans une société d'informatique. Michel, l'éternel célibataire, est photographe pour des magazines internationaux et voyage sans arrêt. Néanmoins, ils s'efforcent de se retrouver une ou deux fois par an.

Aussi, quand Michel téléphone au bureau et propose à Jean de déjeuner, celui-ci se précipite sur son agenda à la recherche d'un moment libre. « Tu suggères mardi ? ». Michel répond qu'il pense réserver dans un restaurant italien et que Frédéric se joindra à eux. Silence radio. Jean trouve que Frédéric est un snob insupportable. « Oh ! Désolé. Je viens de voir sur mon agenda que j'ai un rendez-vous ce jour-là », ment-il pour ne pas dire non. Mais comme il tient absolument à déjeuner avec

Michel, il ajoute : « Peut-être as-tu une autre date à me proposer ?
— C'est trop bête, mais Frédéric est libre seulement mardi, réplique Michel. Et je voulais te montrer mes photos d'Irlande où tu dois aller en vacances.
— Écoute, on peut se voir une autre fois.
— Bien sûr, répond Michel. Mais, je ne sais pas quand Frédéric pourra de nouveau se libérer. Il bosse beaucoup en ce moment.
— Ah ! vraiment, dit Jean.
— Tu ne sais pas qu'il vient juste d'acheter une voiture de sport et qu'il a la nana qui va avec.
Jean pense qu'il se fiche pas mal de la nouvelle voiture de Frédéric et de qui s'y assoit.
— On pourrait se débrouiller pour se voir, toi et moi, vendredi prochain.
— Vendredi, ça va, répond Michel. Mais, j'y pense, Frédéric pourra venir aussi. Il m'a dit qu'il prenait quelques jours de repos à la fin de la semaine.
— Ah ! répond Jean, sans enthousiasme.
— Je t'appelle dans un jour ou deux », dit Michel avant de raccrocher.
Jean décide alors de se trouver une excuse pour éviter ce déjeuner quand Michel le rappellera.

Qui n'a jamais eu recours à un bon gros mensonge pour se sortir d'une situation embarrassante, au lieu de dire simplement non ? Dans le cas de Jean, il a menti pour échapper à un rendez-vous déplaisant, et un mensonge va en entraîner un autre... Mais pourquoi s'enferrer dans des mensonges à répétition ? Pourquoi Jean ne dit-il pas une bonne fois pour toutes la vérité à son ami : « J'aimerais bien te voir, mais sans Frédéric. »

Il semble que Jean ne souhaite pas donner d'explications à sa conduite. La plupart des hommes sont moins enclins que les femmes à avouer ou à justifier leurs sentiments. Un modèle culturel insidieux qui présuppose qu'identité masculine est synonyme d'affectivité inexprimable ne facilite guère les confidences dans ce domaine. Bien que les modèles sociaux soient en train d'évoluer, Jean n'est pas le seul homme à avoir été élevé dans l'idée qu'il doit toujours être fort, cacher sa vulnérabilité et contrôler sa sensibilité. La masculinité se mesure encore aujourd'hui à travers la maîtrise des sentiments et des émotions. Les mettre en avant peut être perçu comme un signe de faiblesse et comme une défaillance du masculin en soi.

Par conséquent, Jean aura besoin d'un certain temps pour arriver à dire et à partager ce qui le touche ; particulièrement s'il imagine que cela déprécie sa propre image, construite sur l'idée d'une organisation rationnelle des émotions. Cependant, à court terme, Jean peut apprendre à utiliser une MESORE (meilleure solution de rechange), principe dont nous avons parlé dans le chapitre IV.

Une bonne MESORE vous prépare mentalement à faire face à des situations potentiellement désagréables, en vous procurant, le cas échéant, une échappatoire. Ainsi, vous n'êtes pas dans la fuite ni dans le mensonge ; vous pouvez affronter la situation avec une plus grande confiance en vous (vous avez toujours une porte de sortie) et vous sentir plus à l'aise, sans pour autant renoncer à votre point de vue. Dans le cas qui nous intéresse, Jean peut accepter d'aller à ce déjeuner, mais à ses conditions. Il ne lui est pas nécessaire d'assister à tout le repas, dont il craint qu'il soit ennuyeux à l'extrême. Très simplement, il peut rejoindre la table pour le café ou partir avant le dessert. Ainsi, il aura vu Michel et préservé leurs liens d'amitié, tout en écourtant une rencontre qui ne le satisfait... qu'à moitié.

Le dîner impromptu

Édouard branche le répondeur, s'installe devant son bureau et se penche sur son ordinateur. Son rapport est presque terminé, il lui reste à rédiger la conclusion, à vérifier les parties écrites par ses assistants, à relire l'ensemble du texte, et... on sonne à la porte.
« Qui ça peut bien être un dimanche soir ? Il regarde sa montre : 21 heures. La barbe, je ne vais pas répondre. »
Nouveau coup de sonnette, plus appuyé. Légèrement inquiet, il se lève et va ouvrir.
« Hello, hello ! s'écrie Élisa. C'est une surprise ! Je t'ai concocté le dîner chinois que tu préfères et le voilà, prêt à servir. Ah ! Tu peux me remercier ! Un petit sourire ! » (Elle-même sourit largement.)
« Oh non ! Pas Élisa », soupire intérieurement Édouard. Quand elle a perdu son mari l'année dernière, Édouard a, lui, perdu un ami. De temps en temps, il emmène Élisa au restaurant ou au cinéma. Il n'y a aucune ambiguïté entre eux, ils sont devenus de bons amis et, à l'occasion, Édouard, qui est divorcé, lui fait des confidences. Élisa est encore très déprimée par la perte de son mari. Édouard essaie toujours d'être compréhensif et de l'aider.
« Bonsoir, Élisa, entre donc.
— J'ai tout ce que tu aimes, des crevettes au gingembre, du porc sucré, un canard laqué et des mangues. Tu as du vin, j'espère ?
— Oui, bien sûr, dit Édouard, accablé en voyant Élisa sortir les plats de son fourre-tout et commencer à mettre le couvert.
— Élisa, c'est vraiment très gentil de ta part de t'être donné tant de mal, mais, vois-tu, demain je dois présenter un rapport et...

— Ne t'inquiète pas, mon grand. Ça ne nous prendra pas très longtemps, tout est prêt. Et négligemment : c'est quoi, ce rapport ? »
Édouard fait une nouvelle tentative :
« Élisa, on peut tout mettre au frigo et le manger demain soir. Je n'ai pas tout à fait fini mon travail.
— Ça va être vite réglé, répond-elle. Et puis, tu travailleras mieux le ventre plein. Je t'ai toujours dit que tu te nourrissais très mal. »
Édouard, résigné, s'assoit et goûte les crevettes. Il n'a pas d'appétit et encore moins d'enthousiasme. Tandis qu'Élisa bavarde, il ingurgite machinalement le canard laqué, le porc sucré et les mangues. Il n'entend pas un mot de la conversation : il ne peut penser qu'à son rapport, au temps qui lui reste pour l'achever, à sa fatigue demain matin.
« Je ne t'ai pas embêté trop longtemps, dit Élisa en préparant le café.
— Pas un instant », répond-il en pensant que son programme studieux est définitivement à l'eau.

Édouard éprouve de grandes difficultés à dire non à Élisa parce qu'il ne veut pas la vexer ni la blesser. C'est une femme sensible, se remettant difficilement d'un deuil récent ; nous pouvons facilement imaginer que son état de fragilité la rend particulièrement vulnérable au rejet. Comment, dans ces circonstances, Édouard peut-il s'imaginer lui opposant un non ? Est-ce égoïste de sa part de faire passer ses intérêts avant ceux d'Élisa ?

Pourtant, il est évident qu'Édouard a des priorités, spécialement ce soir-là où il doit travailler pour terminer un rapport. Comment concilier cet exercice indispensable et son rôle d'ami fidèle ? S'il néglige ses obligations professionnelles au profit d'un « caprice » amical, il est certain qu'il va devenir anxieux et ressentir négativement la présence d'Élisa. Mais, de son côté, celle-ci, dans la mesure où Édouard lui a donné de fréquents témoignages d'attention, tient à lui rendre la pareille. Elle ne sait ce qu'elle pourrait faire pour lui être agréable ; ce dîner impromptu est donc un prétexte pour « renvoyer l'ascenseur » et faire plaisir à son tour à Édouard. Elle comprendrait mal qu'il soit réticent. Par conséquent, il existe d'emblée un malentendu entre eux à propos de ce dîner.

Malentendu qu'Édouard est seul à reconnaître, malentendu qu'il est seul capable de dissiper en expliquant la situation ; ce qui revient en dernière instance à s'opposer à Élisa, un comportement auquel il ne l'a pas accoutumée ces derniers temps.

Pour faciliter l'expression d'un non inhabituel comme celui-ci, il faut commencer par donner plus d'informations sur soi. Attirez l'attention de votre interlocuteur en l'appelant par son prénom et en lui posant une question ; « Élisa, puis-je te dire quelque chose d'important ? » Cette question ou une question similaire, prononcée sur le ton de la confidence et avec conviction, devrait solliciter la curiosité de l'autre. Ensuite, profitez du climat d'intimité ainsi créé pour vous rapprocher de votre interlocuteur afin de renforcer le poids de vos propos. En lui parlant doucement, presque à voix basse pour favoriser son écoute, commencez par lui dire : « Tu ne pouvais pas le deviner, mais demain, je dois faire quelque chose d'extrêmement important pour mon avenir professionnel. Je vais rendre un rapport que je dois finir de rédiger ce soir. » Poursuivez : « Je suis sûr que tu vas comprendre qu'il faut donc que je travaille maintenant. » Cette phrase rend l'objection de l'autre difficile, puisque cela supposerait « qu'elle ne comprend pas quelqu'un dont elle est si proche » et la placerait dans une position inconfortable. Ajoutez : « Je sais que tu t'es donnée beaucoup de mal », exprimant ainsi un sentiment d'empathie qui souligne votre propre compréhension de ses efforts.

Imaginons qu'en dépit de ces explications, Élisa continue à vouloir servir le dîner, prétextant qu'Édouard travaillera mieux l'estomac plein. Dans ce cas, utilisez l'offre de compromis, sous réserve que ce dernier soit sincère et réalisable, et qu'il soit prononcé avec fermeté, une manière de poser vos limites. Donner un choix à l'interlocuteur atténue l'impact de vos paroles et peut, à travers la participation qu'il induit, créer une complicité. « D'accord, Élisa, peut alors répondre Édouard, je vois deux solutions : soit nous gardons le dîner pour demain et j'aurai plus de temps pour en profiter ; soit nous dînons tout de suite, le plus vite possible ; il faut que je sois devant ma table de travail dans quarante-cinq minutes. » Une fois les conditions du compromis établies et acceptées, faites en sorte qu'elles soient respectées. Dans tous les cas, d'une façon ou d'une autre, Élisa aura son dîner et Édouard pourra finir son rapport.

Ta robe est la mienne

« Bonsoir Carole ! Édith à l'appareil. Tu vas bien ? Je ne vais pas te déranger longtemps. Je veux juste savoir si tu peux me prêter ta robe rose, tu sais, celle que tu as achetée chez ce créateur à Londres. »
Carole en reste muette. C'est sa robe préférée, celle qu'elle porte dans les grandes occasions. En plus, c'est une robe très fragile, une divine mousseline avec des plis à n'en plus finir. Elle y tient comme à la prunelle de ses yeux.
« Tu comprends, je dois dîner avec Franck, un type qui est dans les finances et qui passe son temps entre Paris, Londres et Tokyo. Il a dit qu'il m'emmènerait dans un restaurant ultrachic et je n'ai rien à me mettre. Tu

comprends, j'ai besoin d'être bien habillée. Si tu me prêtes ta robe, je te promets de te la rendre très vite. »
« La dernière fois qu'Édith m'a empruntée ma veste rouge, pense Carole, elle me l'a rendue au bout d'un mois... et pleine de taches de café. Et la fois précédente, c'était une écharpe, qu'elle a perdue à l'opéra. »
« Tu veux que je te prête ma robe... », dit finalement Carole, dont les muscles se contractent douloureusement.
Édith prend une voix douce et caressante.
« Tu sais, j'en prendrai vraiment soin. Tu comprends l'importance de ce dîner pour moi. Tu es ma seule amie qui ait un goût aussi exquis. Tu ne peux pas me laisser tomber, ma chérie. En plus, continue-t-elle, je n'aurai sûrement jamais plus l'occasion d'aller dans ce restaurant. Je suis si anxieuse, j'ai tellement envie d'être à mon avantage. Tu me comprends, n'est-ce pas ?
— Mais oui, répond Carole. (Elle comprend parfaitement qu'elle n'a pas le choix.)
— Je savais bien que tu allais m'aider.
Carole soupire. Son corps est dur comme une pierre.
— Quand veux-tu passer pour prendre la robe ? »

Carole a une quantité de bonnes raisons pour refuser de prêter sa robe à Édith. La plus importante de toutes : c'est sa robe préférée qu'elle porte elle-même en de très rares occasions ; deuxièmement, c'est une robe fragile qu'on peut abîmer facilement ; troisièmement, ça coûte les yeux de la tête de la faire nettoyer à sec ; enfin, elle est presque certaine qu'Édith ne la lui rendra pas rapidement.

Maintenant, envisageons la même question du point de vue d'Édith. Elle a besoin d'une robe élégante. Carole lui a toujours prêté ses vêtements sans faire d'histoire. Elle ne s'est jamais plainte quand Édith les lui rapportait avec retard ou en mauvais état. En réalité, Édith peut légitimement supposer que Carole n'accorde pas une importance primordiale à ses affaires, mais qu'en revanche, elle est prête à tout pour aider ses amis. Dans une certaine mesure, Édith n'a aucun doute et reste persuadée que Carole va lui prêter cette robe.

Carole lui adresse un message mais en déploie un autre dans sa tête. Si, par exemple, Édith pouvait deviner l'importance de cette robe pour son amie ; si elle savait que Carole est loin d'être satisfaite par la manière dont elle prend soin de ses affaires ; si elle apprenait que Carole doute de ses capacités à les lui rendre en bon état et que cette idée la rend malheureuse et anxieuse ; alors, Édith n'aurait probablement pas insisté autant pour avoir cette robe. Si Édith demande ce service à Carole, c'est précisément parce qu'elle pense qu'au contraire, Carole ne se soucie pas de ses vêtements. Édith n'a aucune raison de penser que Carole pourrait être inquiète et perturbée.

Ce type de situation est assez fréquent. Bien souvent, quand nous désirons dire non, nous trouvons de bonnes raisons pour argumenter un refus ; mais malheureusement, nous parvenons rarement à les extérioriser pour les exposer aux autres. Si nous parlions et leur révélions nos sentiments, alors le non cesserait d'être un problème. Dans le cas ci-dessus, si Édith comprenait que Carole est bouleversée à l'idée de lui prêter sa robe, elle renoncerait à sa demande ou, au moins, ne considérerait pas ce prêt comme un dû.

Dans la mesure où Carole a du mal à dire ce qu'elle pense, elle doit s'y préparer. Pour se donner du temps, elle peut toujours proposer à Édith de la rappeler plus tard quand elle aura réfléchi. En général, quand nous sommes confrontés à une question difficile, nous oublions que nous pouvons remettre à plus tard notre réponse, que nous avons le droit de l'ajourner ; aussi, nous nous comportons comme si nous étions obligés de réagir sur-le-champ. Et c'est regrettable ; s'accorder une pause nous aide à consolider nos résolutions et nous donne davantage de force pour les énoncer. En outre, ne pas acquiescer dans l'immédiat suggère une éventuelle hésitation de notre part qui peut provoquer un certain trouble chez l'autre.

Ce délai peut être profitable à Carole si elle l'utilise pour s'imaginer en train de répondre à son amie. Elle peut déjà essayer de se souvenir de situations où elle a réussi à dire non à une demande, sans que ça lui pose de problèmes ; ce qui la rassurera sur ses capacités à refuser. Elle peut alors tenter de se mettre dans le même état d'esprit, penser aux arguments qu'elle avait employés et les appliquer à sa relation à Édith. Le fait de se représenter une intervention qu'elle ne parvenait même pas à concevoir, qu'elle jugeait impossible à accomplir va l'aider à lever un certain nombre d'obstacles ; notamment, cette peur qui la force quasiment à prêter sa robe alors qu'elle n'en a aucune envie. Cela peut également lui permettre d'organiser sa future réaction en retrouvant des ressources qui vont l'autoriser à dire non.

Nous pouvons également lui conseiller de pratiquer quelques exercices de contraction/décontraction qui atténueront la tension physique qu'elle ressent après sa discussion avec Édith et qui la handicape. Ces exercices sont assez rapidement efficaces et la libéreront d'une contrainte supplémentaire. Se sentant ainsi plus sereine et plus sûre d'elle, elle pourra téléphoner à Édith. Si elle le souhaite, elle peut s'aider de quelques notes qui lui serviront à ne pas perdre le fil de ses idées et à se concentrer sur son objectif : simplement informer Édith que cette robe est trop précieuse pour qu'elle puisse s'en séparer et la prêter à quelqu'un, même à une amie très proche ; que l'idée d'une dégradation possible de ce vêtement la bouleverse. À travers cette révélation de ses émotions et de ses sentiments, elle affirme son droit à être respectée et permet à Édith de comprendre son refus.

Si la robe est déjà prêtée et qu'Édith ne l'a pas encore rendue, Carole peut formuler une critique : « Je t'ai prêté une robe, il y a déjà trois mois et tu ne me l'as pas rendue. C'est une robe à laquelle je tiens beaucoup. Je voudrais que tu me la rendes au plus vite. » Ou encore : « Je t'ai réclamé ma robe à plusieurs reprises ; tu ne me l'as pas rendue. Je ne suis pas contente. Je te demande de me la rendre au plus vite. »

En n'oubliant pas de conclure positivement : « Pour moi, c'est important et j'espère que tu tiendras compte de ma demande. Je suis contente qu'on ait pu parler de ce problème. »

Minuit sonne

Drring, Dring... Gilles, dans son lit, rêve d'une plage en plein soleil, à Tahiti, avec des oiseaux, la mer. DDDrrrring... Il y a une chute d'eau, non, une cascade. DDrrring. Les oiseaux sont magnifiques avec des plumes de toutes les couleurs et... DDrring. Ohhh ! Qu'est-ce que c'est ? DDrrring. « Allô ! dit Gilles, la bouche sèche et le cœur battant. Qui ?... Ah ! c'est toi Nicolas... Quelle heure est-il ?... Minuit !... Quoi ?... Tu es où ?... Tu repeins ta cuisine... Moi, ça va... Non, tu ne me déranges pas du tout... »

Placé dans une situation devant laquelle vous n'osez pas dire non, une mauvaise solution consiste à prétendre que le problème n'existe pas ou qu'il est absolument mineur ; ce que nous avons évoqué sous le nom de « banalisation » dans le chapitre IV. Les conséquences de ce type de conduite peuvent être plus ou moins sérieuses, elles ne sont jamais anodines. Un non inexprimé vous poursuivra, même si vous vous dites que ça n'a pas d'importance, que ce n'est pas bien grave... Un non réprimé de cette façon se rappellera un jour ou l'autre à votre bon souvenir.

Dans l'histoire ci-dessus, Gilles accepte que son sommeil soit perturbé et d'être soumis à un stress intense. Il accepte d'être entraîné dans une conversation insignifiante, au lieu de répondre : « Je dormais, on en parlera demain » et de raccrocher. En se résignant à supporter l'appel téléphonique tardif de Nicolas, Gilles fait passer plusieurs messages à son ami : tu peux me téléphoner à n'importe quelle heure du jour ou de la nuit, mon sommeil n'est pas troublé, mon repos n'a aucune importance, les aspects les plus ordinaires de ta vie ont priorité sur mes besoins fondamentaux. Gilles ne reconnaît pas que Nicolas le traite sans aucun égard et le considère comme une quantité négligeable. En revanche, il lui reconnaît le droit de le déranger, de l'angoisser et de le perturber. Il ne se protège pas, sans doute trop timide pour poser ses limites. Dans ces circonstances, il s'efforce de faire plaisir, de se montrer gentil, d'aplanir toutes les difficultés même si cela le gêne.

Ses réactions procèdent de fortes tendances à l'« assimilation », dont nous avons parlé dans le chapitre VI. Gilles paraît interpréter la situation du seul point de vue de Nicolas, sans doute en raison de l'idée suivante qui lui sert de règle de conduite : « Je dois être agréable en toute occasion et tout se passera bien, il n'y aura pas de problèmes. » Ce qui exclut la prise en considération de ses propres désirs mais, en même temps, le rassure momentanément : personne ne viendra le critiquer ni l'accuser de quoi que ce soit. Il est irréprochable... ce qui sous-entend qu'il se sentirait coupable s'il était différent.

Assumer une certaine culpabilité n'est pas chose facile. Mais, après tout, pourquoi Gilles doit-il se sentir coupable de simplement vouloir dormir la nuit ? Cette réaction paraît un peu disproportionnée, peu adaptée à la réalité. C'est pourquoi il faudrait qu'il s'entraîne à l'« accommodation », une manière d'envisager les situations sous des angles différents, de les relativiser. En d'autres termes, il s'agit de prendre du recul à l'égard des autres, mais également envers soi et particulièrement par rapport à des idées stéréotypées qui interdisent tout changement d'attitude.

Pouvoir penser que le comportement de son ami Nicolas est tout à fait puéril et insupportable, reconnaître qu'il ne doit pas forcément y répondre favorablement, peut aider Gilles à remettre en question ses contraintes personnelles, lui faire comprendre qu'elles n'ont pas de raison d'être (sauf à l'empoisonner lui !) et à s'en libérer. Et si Nicolas est un authentique ami, il pourra bien admettre que son coup de fil à cette heure indue n'avait pas non plus de véritable raison d'être...

David, le moulin à parole

Quand Thomas revient de sa randonnée en Afrique, qui avait duré six mois, il se précipite à la soirée de Véronique.

« Alors, parle-moi de ton voyage, demande-t-elle, très intéressée. Tu étais au Kenya ou au Zaïre ?

— Au Kenya. J'ai rencontré des Kikuyus.

— Des Kikuyus ? Jamais entendu parler d'eux, interrompt David, un ami de Véronique. J'étais en Afrique en 92, j'ai escaladé les trois plus hauts sommets.

— Vraiment ! reprend Véronique. Thomas vient de rentrer la semaine dernière.

— Il y a juste deux jours, précise Thomas. Je suis encore sous le choc. J'ai découvert des tas de choses là-bas...

— Ah ! l'Afrique transformerait n'importe qui, reprend David. Je me souviens des idées préconçues que j'avais en débarquant là-bas, sur les populations, la nourriture, les paysages, même les hôtels et les boutiques. J'avais accumulé des tas d'informations grâce à la télé pendant

des années. Ça a commencé quand j'étais un tout petit garçon. Mon oncle, du côté de ma mère...
— Excuse-moi, coupe Véronique. Thomas, j'ai vraiment envie de t'entendre raconter ton voyage. Est-ce que ça a été difficile ?
Thomas lève les yeux au ciel.
— J'ai attrapé une hépatite, sûrement quelque chose que j'ai mangé sur un marché en Ouganda. J'avais tellement faim, les femmes avaient l'air si gentilles et les brochettes si appétissantes, que je...
— La nourriture en Afrique, c'est quelque chose, reprend David. Mais, ça n'a rien à voir avec celle qu'on trouve en Antarctique. J'y suis allé avec un groupe. Habituellement, je n'aime pas les voyages en groupe, mais un de mes amis m'avait trouvé une bonne occasion. Cet ami, il est toujours sur des bons coups. Vous lui demandez et il trouve. Je connais peu de gens comme ça. Quoique j'aie une tante qui déniche toujours les bonnes affaires. Pour en revenir au Pôle...
Véronique vide son verre et demande à Thomas s'il veut boire quelque chose.
— Je t'accompagne, répond Thomas.
— Je reprendrai bien un verre, moi aussi, dit David. Vous savez, la dernière fois que j'ai bu ce vin, c'était dans un petit hôtel près de Tours avec un ami qui arrivait de... »

Une des raisons pour lesquelles les gens ne disent pas non, illustrée par l'histoire ci-dessus, est liée au poids de l'éducation.

Bien que les règles qui régissent la vie sociale varient de pays à pays, elles admettent un certain nombre de points communs. Par exemple, quand vous êtes invité à une fête, vous évitez d'être désagréable ou grossier avec les autres convives, afin de ne pas placer vos hôtes dans une position difficile ou embarrassante. Et même confronté à quelqu'un comme David, votre exigence de politesse suppose que vous ne manifestiez aucune attitude agressive ou hostile à son égard. Concernant Véronique et Thomas, il y a peu de risques pour que leurs réactions à la conduite de David aboutissent à une véritable scène. Leur attitude commune, très conciliante et polie, semble confirmer qu'ils acceptent, malgré leur agacement, d'être interrompus par le monologue de David.

Dans leur for intérieur, la situation est cependant tout autre. Ils ont vraiment envie, l'un de raconter, l'autre d'écouter le récit d'un voyage et d'expériences passionnants ; par conséquent, l'un et l'autre souhaitent que David se taise, qu'il comprenne qu'il n'a pas à se mettre ainsi en avant. Mais on ne voit pas bien comment ils vont s'autoriser à accomplir cette prouesse. Thomas n'ose pas s'opposer à David. Et si Véronique fait deux tentatives polies pour redonner la parole à Thomas, elle échoue à chaque fois.

Il faut rappeler ici que les contraintes de l'éducation, si elles sont nécessaires et respectables, ne doivent pas en toute occasion supprimer la spontanéité et l'authenticité. Et notamment, elles ne doivent pas favoriser entre amis l'établissement de relations pseudo-symétriques. En principe, l'amitié est le lieu par excellence où se nouent des relations symétriques, égalitaires, franches et ouvertes, et où de nombreuses questions peuvent être abordées sincèrement et sans crainte. Les discussions peuvent être animées, elles ne remettent pas en cause les liens amicaux : ce sont des débats d'idées enrichissants et non des compétitions acharnées où l'on doit prouver sa force.

Mais si un ami ne joue plus le jeu, s'il instaure des relations nouvelles à travers lesquelles il tente de s'imposer et de dominer les autres, ce n'est pas tolérable. En réalité, le comportement de David ressemble, à s'y méprendre, au comportement agressif tel que nous l'avons défini dans le chapitre VI. Il monopolise la parole, il ne s'intéresse pas au discours des autres dont il ne tient pas compte, il est incapable de se mettre à leur place et de comprendre leurs désirs. Il veut avant tout devenir le centre de l'attention et être admiré ; il a besoin d'un public docile qu'il trouve auprès d'amis trop polis pour le contrecarrer.

Dans ces circonstances, il faut que Véronique et Thomas puissent reconnaître que l'attitude de David est grossière et brutale ; ils peuvent se permettre de le rappeler gentiment mais fermement à l'ordre sans se laisser submerger par leur crainte de devenir impolis. Véronique peut tout à fait s'adresser à David et lui dire : « Je n'ai pas vu Thomas depuis longtemps et j'ai très envie de l'entendre raconter son voyage. Tu pourras toujours nous raconter tes aventures après mais, pour l'instant, nous devons laisser la parole à Thomas. »

Par ailleurs, en utilisant le « je », calmement et toujours avec courtoisie, Véronique pourra ainsi exprimer la situation de son point de vue, sans avoir l'air de culpabiliser l'autre. Le « je » implique qu'elle prend ses responsabilités et qu'elle manifeste ses désirs. Quant au « nous », il insiste sur l'offre de compromis, implicitement contenue dans la proposition finale. Et, comme nous l'avons vu, plus le message est clair, plus il a de chances d'être entendu et accepté. S'il ne l'est pas, il devra être répété.

Paul ne règle jamais l'addition

« L'addition, s'il vous plaît. » Paul fait un grand geste en direction du garçon et se tourne vers son vis-à-vis. « C'est toujours un grand plaisir de te voir, Carine. » Carine sourit. Elle apprécie vraiment Paul, avec qui elle peut avoir des conversations passionnantes... mais il a un méchant défaut : il la laisse toujours payer, que ce soit au cinéma, au café, au musée, partout. La semaine

dernière, elle l'a emmené en voiture au théâtre et il n'a même pas pensé à régler le ticket de parking.
« Ça commence à m'agacer, pense-t-elle. Ce n'est pas qu'il n'a pas les moyens, peu s'en faut. Il n'a pas le geste, tout simplement. » Elle contemple l'addition sur la table.
« Bon, je dois retourner au boulot, dit Paul.
— Moi aussi. Combien doit-on ? demande Carine.
— 35 euros, répond Paul, en hélant le garçon. Tu as ta carte de crédit ? »
Le serveur est déjà là. Carine, honteuse à l'idée de faire une scène devant lui, sort sa carte de crédit.
« Je voulais te demander ce que tu as pensé de l'exposition des dessins de Matisse.
— J'ai trouvé ça très intéressant, répond Carine sans le regarder.
— J'ai entendu dire qu'il y avait là des petits chefs-d'œuvre, probablement très précoces, avant que Matisse ne se mette à la peinture. »
Carine polit un des ses ongles et ne répond pas.
« J'ai également entendu dire qu'il y avait une ou deux peintures dans l'exposition. »
Le serveur revient, Carine tape son code.
« Veux-tu venir avec moi samedi à la campagne chez des amis ? » reprend Paul.
Carine attend pour voir si Paul va laisser un pourboire. La campagne !... Là encore, elle devra l'emmener en voiture et payer l'essence. Elle ne répond pas.
« Quelque chose ne va pas ? demande Paul.
— Non, non, rien du tout, marmonne Carine en se levant. Elle cherche dans sa poche de la monnaie, qu'elle laisse sur la table.
— Peux-tu me déposer rue de Rennes ? demande Paul en lui tenant la porte du restaurant.

— Bien sûr, dit-elle, les larmes aux yeux.

— Qu'est-ce qu'il y a ? demande Paul de nouveau.

— Ce n'est rien...

— Mais dis-moi, l'encourage-t-il.

— Je n'ai pas envie d'en parler. »

Paul n'insiste pas. Elle le conduit, en silence, jusqu'à la rue de Rennes. Quand Paul, après l'avoir remerciée, sort de la voiture, elle ne lui fait même pas un signe de la main. Dès qu'elle se retrouve seule, elle démarre et ravale ses larmes.

Carine traverse une crise dans ses relations avec Paul. Son comportement l'exaspère tout à coup et elle ne supporte plus l'idée de s'être ainsi laissée exploiter. Il semble qu'elle ait atteint le comble de la frustration et de l'irritation. Mais elle ne peut rien exprimer, ni ses sentiments, pas davantage un non qui, pense-t-elle, l'entraînerait trop loin. En effet, de bien des façons, Paul lui apporte beaucoup, particulièrement sur le plan intellectuel et culturel. Elle a donc peur de gâcher ce lien gratifiant si elle critique et remet en question la conduite habituelle de Paul.

Mais le pourrait-elle ? Carine est dans une situation difficile. Chaque fois qu'elle sort avec Paul, les questions d'argent prennent une importance exagérée. Elle est obsédée par la pensée de devoir payer pour lui. À tel point que cette perspective finit par dominer toutes ses relations avec lui. Par moments, elle aimerait en parler à Paul, mais elle n'y arrive pas, ce qui augmente encore sa colère contre lui mais aussi contre elle-même.

Prise dans ce désordre émotionnel, elle en est réduite à pleurer. Elle n'a pas d'autres moyens pour exprimer sa frustration. Comme cela se produit parfois chez ceux qui n'osent pas dire non, de l'insatisfaction naît une certaine tristesse ; indicible dans le cas de

Carine, qui n'arrive pas à exprimer ni à partager ce sentiment avec Paul qui l'interroge cependant. Elle reste seule avec sa peine.

Afin de mieux contrôler ses pensées et ses émotions, Carine doit d'abord les identifier et les clarifier. Le meilleur moyen étant de les mettre par écrit. Par exemple : « Si je demande à Paul de payer son ticket d'entrée au musée, j'ai peur qu'il ne vienne plus jamais voir une exposition avec moi. » Derrière cette pensée, il en existe une autre : « Paul ne m'aime que parce que je paye pour lui. »

Ces pensées sont automatiques ; elles ont un tel caractère d'évidence que Carine ne les remet jamais en question. Elle réagit comme si elle devait payer pour avoir le droit de passer un moment avec une personne si intelligente, si brillante, si cultivée. Comme si elle se sentait inférieure à Paul et ne méritait pas la chance de l'avoir pour ami. Ainsi, pendant longtemps a-t-elle maximisé les avantages de cette relation et minimisé ses inconvénients. Sa réaction inaccoutumée d'exaspération et de tristesse peut être le point de départ d'une prise de conscience d'un problème et d'une envie de le résoudre. Pour cela, elle doit prendre le temps d'écrire ses pensées automatiques, de s'écouter davantage et surtout autrement.

L'étape suivante consiste à remplacer ses pensées automatiques par des pensées alternatives, plus positives et plus en phase avec ses sentiments. Par exemple, en comparant ce qui se passe avec Paul et ce qui se passe ailleurs. En effet, Carine a d'autres amis pour lesquels elle ne paie pas systématiquement ; elle peut en tirer la conclusion qu'on l'aime bien, et ce, indépendamment de sa contribution financière.

Au lieu de se dire : « Paul m'apprécie uniquement à cause de mon argent », Carine peut écrire : « Paul, comme mes autres amis, m'apprécie certainement pour mes qualités personnelles. Il doit aussi me trouver intéressante et sympathique. » Si elle poursuit ses réflexions dans ce sens, elle aura fait un grand pas en avant, qui la conduira à se sentir plus en confiance et à pouvoir dire simplement à Paul : « Je dois te parler d'un problème entre nous qui me perturbe et m'attriste. Je me sens toujours obligée de payer pour toi et j'ai de plus en plus de mal à supporter cette situation. Je crois que notre relation serait plus simple si, dorénavant, nous partagions les frais, comme je le fais avec d'autres amis. »

III

Dire non en amour

Aimer, c'est donner raison à l'être aimé qui a tort.

Charles Péguy

Les sentiments amoureux sont probablement les sentiments les plus intenses que nous éprouvons dans notre vie. La passion aiguise nos sens, révèle et exalte souvent des possibilités ignorées. Elle repousse les limites de chacun ; on se dépasse, on se sent des ailes. Le charme des premières découvertes, à la rencontre l'un de l'autre, tient également aux résonances profondes qui s'y tissent et aux affinités qui se révèlent. Avec le temps, les amants développent un langage personnel fait de sous-entendus, de gestes codés qui deviennent l'affirmation de leur intimité, de leur regard semblable sur le monde.

Miroir l'un de l'autre, les amants ne cessent ce dialogue amoureux où chacun est unique et merveilleux : nous y sommes sexy, attirants, séduisants, intelligents, drôles, pleins d'humour, irremplaçables, irrésistibles et... aimés. Il n'est pas étonnant qu'on se sente si bien, hors du temps et de l'espace ! Cette sensation de bonheur est si forte qu'on s'y abandonne volontiers, qu'on rêve de la prolonger, d'aimer et d'être aimé constamment, d'être heureux continuellement, de se surpasser en permanence. Quand on a connu et partagé une semblable intimité, on peut croire qu'elle sera éternelle.

Par conséquent, nous sommes disposés à faire tout ce qui est nécessaire pour garder cette relation fusionnelle intacte. Les amants se protègent mutuellement, mais ils protègent aussi leur amour. Nous avons un tel besoin d'amour que nombre d'entre nous sont prêts à des efforts et à des concessions extrêmes pour le conserver. Si les prémices de l'amour sont faciles, le lien amoureux peut par la suite buter sur bien des écueils. En particulier, quand il faut revenir sur terre, affronter la réalité et ses problèmes.

Le danger se profile si nous restons persuadés qu'il faut préserver à tout prix cet accord parfait pour garder l'autre. Au point que nous perdons trace de nos propres besoins pour les remplacer par ceux de l'être aimé. La moindre discussion peut alors signifier la remise en question d'un amour qui se veut absolu et aussi la certitude de souffrir, de faire souffrir l'autre, voire de le perdre. Dans ce cas, nous pouvons alors choisir d'oublier nos intérêts personnels et de nous effacer. Notre non, nous le craignons, pourrait traduire un désaccord trop profond : nous ne serions pas aussi proches de l'être aimé que nous l'imaginions, il existerait des différences entre nous et pas seulement les similitudes, qui nous avaient tout d'abord rapprochés.

En fait, ce non pourrait signaler une faille dans la nature idyllique de la relation et la remettre en question. En outre, il risquerait de brouiller le portrait valorisant, si joliment brossé par l'autre, il compromettrait notre image « parfaite », qui pourrait s'effondrer... et notre amour avec. Dire non équivaudrait à briser cette belle mécanique tellement harmonieuse : si l'on n'est plus pareil, on s'éloigne forcément l'un de l'autre, et parallèlement, on n'est plus si beau, si intelligent, si sensible. Bref, on n'est plus aimable ; le miroir renvoie alors une image insupportable. Bien souvent, ne pouvant accepter l'idée d'une quelconque désillusion, nous préférons conserver l'idée d'une unité idéale que nous préservons contre vents et marées.

Comment, dans ces conditions, dire non ?

Thibaud, maître des cérémonies

Thibaud et Léa vivent ensemble depuis quelques semaines. Ils ont les mêmes goûts, jouent au tennis, courent les antiquaires, adorent la campagne et les voyages. Bref, une entente parfaite, un bonheur sans égal. Quoique... De temps à autre, Léa trouve Thibaud un peu trop sûr de lui. « Non, pense-t-elle, je me fais des idées. » Ce soir, ils vont au restaurant.

« J'irais bien à côté, chez le chinois ; on aura moins de mal à se garer.

— On trouve toujours de la place, répond Thibaud. Allons plutôt chez l'italien. »

Ils sont assis, face à face, les yeux dans les yeux.

« Qu'est-ce que tu vas prendre ? demande Thibaud.

— Une pizza aux olives.

— Tu ferais mieux de prendre des spaghettis au citron, c'est leur spécialité », réplique Thibaud. Et, sans plus attendre, il commande les spaghettis au citron et du melon au jambon en entrée.

« Thibaud, je ne veux pas d'entrée, les pâtes me suffiront.

— Tu adores le melon au jambon, mon amour. Dépêche-toi, le serveur attend.
— D'accord, si tu y tiens.
— Nous prendrons la même chose tous les deux », annonce Thibaud au serveur impassible. Il lui tend son menu. Léa se demande pourquoi on lui en a donné un. Pendant le dîner, Thibaud lui parle de l'endroit qu'il a choisi pour leurs vacances le mois prochain.
« Pourquoi Londres, chéri ? interroge-t-elle, pensant qu'il ne lui a même pas demandé son avis.
— Parce que je sais que tu vas adorer les antiquaires anglais.
— J'ai entendu parler d'un hôtel près de Picadilly.
— J'ai déjà retenu l'hôtel. Dis donc, pour notre match de tennis ce week-end... »
Il ne lui avait pas non plus demandé si elle souhaitait jouer au tennis ce week-end. Au fond, oui, mais ce n'était pas là le problème.
« Deux cafés ! reprend Thibaud. J'aimerais bien que tu mettes plus souvent le pull vert que je t'ai offert. Tu es si jolie avec.
— Oui, bien sûr, chéri, » répond Léa, dont les goûts vestimentaires sont plus raffinés, mais qui se sent en même temps flattée.
Thibaud range soigneusement sa carte bleue et propose qu'ils se dépêchent s'ils veulent arriver à temps pour voir un film formidable dont il a lu de très bonnes critiques.

Léa est prise dans une relation de couple où la volonté de l'un paraît épouser, voire précéder les désirs de l'autre ; un engrenage dont elle semble avoir du mal à sortir, dans lequel on la sent engluée. La personnalité de Thibaud y est pour beaucoup : c'est un décideur qui, en toute bonne foi, choisit ce qu'il juge être la meilleure solution et ceci en toutes occasions. Comme s'il connaissait Léa aussi bien ou mieux qu'elle ne se connaît, comme s'il savait ce qu'il lui faut et devinait ce qu'elle ressent ou ce qu'elle doit faire avant qu'elle ne le sache. Et souvent, il touche juste ; ce qu'il lui demande ne lui déplaît pas. Elle aime les antiquaires, le tennis, aller au restaurant. Au fond, ce qu'il décide pour leur couple exprime leurs intérêts communs, ne trahit pas ses goûts à elle, ne la prive pas, la comblerait plutôt. On peut comprendre que, dans ces conditions, elle hésite avant de s'opposer aux décisions de son ami. En somme, il veut toujours lui faire plaisir, il sait ce qu'elle veut et agit avant qu'elle ne le manifeste. C'est comme s'il traduisait ses pensées, ses désirs les plus intimes. Aussi, ce n'est pas tant le contenu des offres de Thibaud qui la dérange que la manière dont il les formule, dont il lui impose ce qu'il lui propose. Elle a du mal à accepter qu'il la mette devant le fait accompli, qu'il court-circuite toute discussion à propos d'un projet commun. Et c'est à ce stade de la relation qu'elle n'ose pas intervenir, dire « Non, j'existe, et je veux prendre part aux débats et aux décisions ».

Mais en est-elle capable ? Léa essaie bien de temps en temps de donner son avis, ce qui signifie qu'elle a ses propres désirs, ses envies, ses préférences. Mais elle a beaucoup de mal à se faire entendre, et il suffit que Thibaud insiste pour qu'elle plie. Comment s'opposer dans la mesure où elle a trouvé en Thibaud un alter ego, avec lequel elle est heureuse, qui l'aime et veille à tout. Elle pense qu'il veut lui faire plaisir et qu'elle doit lui faire plaisir à son tour en acceptant. Elle se sentirait coupable de refuser tout ce qu'il lui offre, lui apporte. Elle pense qu'il ne comprendrait pas, qu'il ne la reconnaîtrait plus, c'est comme si elle devenait une autre. Elle n'ose rien dire, par peur de casser cette entente parfaite et d'être rejetée puisque différente. Mais elle n'ose rien dire, tout en pensant qu'elle aimerait bien dire quelque chose. Quelque chose qu'elle s'autorise à penser de temps à autre. Entre autre, que Thibaud

« est un peu sûr de lui », même si cette idée la traverse très fugitivement et qu'elle la repousse immédiatement.

Cependant, cette ébauche de critique doit persister en elle de façon latente et peut susciter un sentiment de malaise diffus, qui va empoisonner sa vie et leurs relations. Il faudrait qu'elle puisse clarifier ce qui se passe en elle, en portant une attention plus ferme à ses opinions et en y réfléchissant de manière plus approfondie. On peut lui conseiller d'ouvrir un cahier et d'y noter ce qu'elle vit et ce qu'elle ressent. Au fond, l'idée qu'on ne lui demande jamais son avis peut recouvrir l'idée qu'elle n'en donne pas non plus ou qu'elle ne peut pas soutenir son point de vue. Son problème semble être : comment puis-je prendre les initiatives que j'ai envie de prendre ? Le simple fait de mettre par écrit des pensées trop fugaces l'obligera à les prendre au sérieux, à les examiner, à leur trouver des raisons. Cela lui donnera la possibilité de trouver des solutions alternatives, de relativiser ses craintes. Et de se demander s'il n'est pas plus normal d'être soi-même avec quelqu'un dont on souhaite partager l'existence. Elle pourra découvrir qu'elle a peur de blesser celui qu'elle aime, qu'elle a peur de se montrer différente de l'image qu'il a d'elle. En se remettant en question, Léa pourra avoir envie de changer et de communiquer ce désir à Thibaud. Après tout, s'il veut son bonheur, il peut sans doute comprendre qu'elle veuille y participer. Pourquoi ne pas lui en parler après avoir fait ce travail de réflexion qui lui permettra de trouver les mots justes et l'instant propice pour aborder le problème ?

Pas sans préservatif

Charles embrasse passionnément Rébecca, qui se sent fondre. Pourtant, une inquiétude...

« Euh... est-ce que tu as, euh, est-ce que tu utilises, euh...

— Des préservatifs. Seulement dans des cas extrêmes, dit-il tout en déboutonnant son chemisier.
— Tu veux dire que tu n'en as pas, là ?
Il lui mordille les oreilles.
— Tu sais bien que je n'ai pas le sida, lui murmure-t-il.
— Tu n'en sais rien, murmure-t-elle à son tour.
— Pas plus que toi. »
Son chemisier s'envole sur le sol ; avec lui une partie de ses résolutions. Mais il demeure l'inquiétude tenace que Charles a eu des douzaines d'aventures. Involontairement, elle tourne la tête.
— Qu'est-ce qu'il y a ? dit-il en lui retirant sa ceinture.
— Je ne veux pas faire l'amour si tu ne...
Il vient de lui enlever sa jupe, et la couvre de baisers.
— Crois-moi, ma beauté, c'est bien meilleur sans. »

À la différence de la plupart des situations exposées dans cet ouvrage, le récit dont il est question ici met en scène un non qui a un rapport direct avec la santé, la vie et la mort. Actuellement – sauf dans les cas de couple stable et fidèle –, faire l'amour sans protection est devenu une pratique à risque. Et pourtant, parfois, trop souvent, ce type de non peut être très difficile à exprimer.

Il est certain que lors d'une rencontre sexuelle, le désir violent d'intimité et de plaisir physique prend le pas sur la plus rigoureuse réflexion critique. Le profond besoin de se sentir aimé physiquement et de donner de l'amour en retour peut triompher de la certitude qu'il faut se protéger. En outre, la volonté de plaire à son partenaire peut mettre en échec toute parole qui pourrait lui sembler désagréable. Interviennent également la peur du ridicule et le sentiment qu'on va être rejeté si l'on aborde la question du préservatif.

Alors comment garder la tête froide dans une situation où tout est mis en œuvre pour vous la faire perdre ? C'est ce qui arrive à Rébecca, qui ne sait plus très bien où elle en est, qui a peur, mais qui n'arrive pas à rassembler ses idées ni à agir conformément à ses craintes. Elle s'y prend un peu tard. Aussi, bien avant que le dernier bouton ne soit dégrafé, avant que les baisers ne deviennent enflammés, avant que la succession d'événements n'arrive vers une conclusion inexorable, les termes d'une rencontre sexuelle doivent être clairement et fermement établis... Après un dîner, en voiture, en rentrant chez soi... En d'autres termes, quand vous n'avez pas encore admis l'autre dans votre espace intime.

La plupart des personnes qui utilisent facilement des préservatifs reconnaissent qu'elles en parlent, d'une manière ou d'une autre, quelles que soient les circonstances, « avant ». Elles peuvent en discuter avec humour, délicatesse mais toujours avec une franchise qui n'est pas sans évoquer un sens certain des responsabilités.

En revanche, si vous attendez que le rapport sexuel soit engagé, vous éprouverez plus de difficultés pour exprimer vos inquiétudes et vos préoccupations. Une fois que vous avez laissé votre partenaire accéder à votre espace intime, vous avez perdu le contrôle. En vous laissant entraîner, porter par vos émotions, vous avez indubitablement déjà dit oui. Vous êtes fragilisé et vulnérable ; vous ne pouvez plus réfléchir clairement. Malgré tout, si vous vous retrouvez dans cette situation, essayez de rétablir entre vous et votre partenaire un espace dans lequel vous vous sentirez plus à l'aise pour parler. La distance physique vous permettra de mieux maîtriser à la fois vos émotions et vos pensées, mais aussi de communiquer vos intentions plus nettement.

Dites-vous bien que poser ainsi des limites à votre rencontre sexuelle, en demandant à votre partenaire de mettre un préservatif, n'est pas une réaction extravagante et qu'elle peut parfaitement être acceptée. En refusant de faire l'amour sans préservatif, vous

vous prémunissez contre une maladie mortelle, et personne, si vous en parlez, ne pourra vous le reprocher.

Claudia débarque toujours à l'improviste

« Il faut que je te voie », dit Claudia.
Patrick se tient sur le pas de sa porte à moitié endormi.
« J'ai besoin de toi, dit-elle en lui prenant la main.
Il bâille.
— Claudia, je prends un avion demain matin à l'aube.
— Je ne resterai pas longtemps ; tu m'offres un verre et je m'en vais. J'avais juste envie de te voir, de te toucher, d'entendre ta voix, que tu me prennes dans tes bras.
Il recule.
— Je crois que tu devrais rentrer chez toi. »
Même hébété de fatigue, il se souvient que la dernière fois, Claudia est restée toute la nuit pour parler. Qu'à une autre occasion, elle est arrivée sans prévenir, interrompant une réunion de travail avec ses collaborateurs. Elle a l'air de souffrir.
« Je veux juste être près de toi quelques instants.
— Je suis si fatigué.
— Tu n'as pas envie de me voir.
— Bien sûr que si, mais pas maintenant.
— Tu ne m'aimes pas, poursuit-elle. Si je comprends bien, tu veux me voir quand ça te convient. Mais moi, quand je veux te voir, je dois prendre rendez-vous deux semaines à l'avance.
— Comment peux-tu dire ça ? Je donne une conférence demain et c'est très important. Je t'aime, mais je dois me reposer », dit-il complètement réveillé.
Elle le regarde fixement, presque méchamment.

« Tu me réponds toujours la même chose. Elle ajoute plus gentiment... Laisse-moi entrer juste une toute petite minute.
— D'accord », dit-il en s'écartant pour la laisser passer.

Comme nous l'avons évoqué dans le chapitre II, la culpabilité est un des moteurs de la difficulté à dire non. Quand Claudia l'accuse de n'avoir jamais assez de temps à lui consacrer, sauf, précise-t-elle, quand cela l'arrange lui, Patrick se sent coupable. Et, dans une certaine mesure, il pense qu'elle n'a pas tout à fait tort puisqu'il a un travail très absorbant, qui parfois le rend moins disponible. Mais, d'un autre côté, il fait ce qu'il peut et il lui arrive de trouver que Claudia exagère, notamment quand elle débarque à l'improviste, refuse de comprendre qu'il ne peut pas la recevoir et l'agresse.

Au moment qui nous occupe, la conduite de Claudia représente un vrai problème pour Patrick, qui doit se lever tôt et être en forme le lendemain. Par ailleurs, Patrick aime Claudia et ne souhaite pas la perdre ni la blesser, mais s'il ne parvient pas à poser ses limites, la même situation se produira de nouveau.

Dans ces circonstances, plutôt que de se laisser culpabiliser et de se dire qu'il doit à tout prix éviter une confrontation, Patrick devrait tenter de comprendre ce qui sous-tend les éternelles interventions intempestives de Claudia. Pour l'aider à dire clairement ce qu'elle pense et attend de lui, il peut utiliser la technique de l'« enquête négative », dont nous avons parlé dans le chapitre VI. C'est une manière de prendre la situation en main plutôt que de rester accablé ou, pire, de réagir impulsivement avec agressivité. Quand Claudia l'attaque, au lieu de se disculper – bien inutilement –, il peut au contraire tenter de lui faire préciser sa critique afin de savoir ce qui l'ennuie particulièrement dans son comportement. Les critiques vagues ou injustes peuvent détruire un couple très rapidement et il est toujours profitable d'aider l'autre à s'expliquer, de s'informer en l'écoutant. Ce qui nous amène par la suite, en toute connaissance de cause, à décider si nous désirons changer ou non de conduite. L'acte même de questionner l'autre, de l'écouter peut aussi diminuer l'intensité de son agressivité. Une ambiance de collaboration peut alors s'établir, qui permet à chacun de prendre en considération le point de vue de l'autre et de faire reconnaître le sien.

Une fois que Claudia aura répondu à une question de Patrick, il peut lui demander si autre chose la gêne dans son attitude. Il doit se contenter d'écouter ses plaintes et de s'expliquer, s'il le juge nécessaire, sans se mettre en colère. Puis il continuera à poser ses questions sans se départir de son calme, jusqu'à ce que la critique soit épuisée. Dans ce cas, il peut revenir à la critique initiale, qu'il sera capable d'aborder dans de meilleures conditions. En effet, Claudia, ayant révélé ce qu'elle gardait pour elle, se sentira soulagée et son agressivité sera, en quelque sorte, neutralisée.

La conversation pourrait prendre la tournure suivante :

« Si je comprends bien, tu veux me voir quand ça te convient. Mais moi, quand je veux te voir, je dois prendre rendez-vous deux semaines à l'avance.

— Y a-t-il autre chose que j'ai fait et qui te déplaît ?

— Oui. Quand je te téléphone à ton bureau, quelquefois tu ne prends pas mon appel.

— Cela m'arrive quand je suis en réunion. As-tu autre chose à me reprocher ?

— Tu m'avais promis, il y a deux semaines, que nous irions passer le week-end ensemble à Madrid ; mais tu n'as pas trouvé le temps de m'en reparler.

— C'est exact. Mais, je devais attendre que mon rapport de fin d'année soit terminé. Je n'ai pas oublié ce projet, sois-en certaine. Y a-t-il encore autre chose ?

— Tu ne mets jamais la cravate que je t'ai offerte.

— Si, je la porte puisqu'elle me plaît, mais tu ne m'as peut-être jamais vu encore avec. Dès mon retour demain soir, nous pourrons aller dîner quelque part, parler du week-end et... je mettrai ta cravate que j'aime beaucoup. »

À ce point de la discussion, Claudia peut se sentir rassurée par les réponses de Patrick qui l'a écoutée attentivement, tout en cherchant sincèrement à trouver des solutions à leurs problèmes. Il peut encore lui demander si autre chose la perturbe.

« Non, c'est tout ce que je voulais te dire depuis longtemps. Je suis contente que tu m'aies laissée parler. »

C'est le moment de revenir au point de départ.

« Tu vois, nous avons pu discuter, mais la prochaine fois, nous choisirons un moment plus agréable ; parce que tout de suite, j'ai vraiment besoin de dormir.

— D'accord ; je me suis un peu emballée, mais, ça ne se reproduira pas. »

Claudia est sécurisée et prête à repartir ; Patrick n'a pas mordu à l'hameçon ni répondu à ses accusations par d'autres accusations. Il n'a pas créé de conflits inutiles ni laissé monter la violence. Il lui a laissé entendre qu'il pouvait commettre des maladresses, qu'il n'était pas parfait et qu'il allait essayer de faire de son mieux pour améliorer la situation, mais surtout qu'il était capable d'écouter.

Serge, Odile et la télé

Après six mois de « fiançailles » sans nuage, Odile et Serge viennent de se marier. Odile, très complexée depuis l'adolescence, se réjouit chaque jour que Serge ait bien voulu l'épouser. Aussi est-elle prête à toutes les concessions pour que son mariage marche parfaitement. Lorsqu'ils se sont installés dans leur nouvel appartement,

Serge a suggéré que la télévision soit placée dans leur chambre et non dans le salon (ce qu'Odile aurait préféré). Comme la télé ne l'intéresse pas outre mesure – elle préfère la lecture – mais surtout pour faire plaisir à son mari, elle n'a pas discuté cette décision. Elle n'avait pas réalisé que Serge allait regarder la télévision *tous* les soirs. En fait, il aime s'assoupir devant le poste allumé, puis se réveille et l'éteint. Cette télé devient rapidement la bête noire d'Odile. Elle la dérange quand elle lit, quand elle veut parler à Serge, quand elle s'endort. Elle demande à Serge de baisser le son mais ce n'est jamais suffisant. L'entendant se tourner et se retourner dans le lit, Serge comprend le message.
« Est-ce que la télé te dérange ? demande-t-il enfin.
— Oh ! pas du tout », ment-elle. Et plus il insiste, plus elle affirme que la télé ne la gêne pas le moins du monde.
« Allez, dit-il. Il faut me dire si quelque chose ne va pas.
— Tout va très bien, chéri » répète-t-elle, trop angoissée à l'idée que si elle ose se plaindre d'une chose aussi ordinaire, mais essentielle pour lui, qu'une télévision, Serge l'aimera moins.

Ceux d'entre nous qui ont gardé la trace d'une vulnérabilité liée à leur enfance ou à leur adolescence éprouvent des difficultés considérables à dire non. Le risque d'être rejeté et de se retrouver seul les épouvante et leur paraît insoutenable. Il peut devenir tellement obsédant qu'il envahit alors toutes les pensées et se manifeste à travers chaque parole et chaque geste quotidiens. C'est ce qui arrive à Odile. Elle voue une reconnaissance immodérée à Serge pour l'avoir aimée et l'avoir épousée, mais elle craint tant de le perdre si elle le contrarie qu'elle n'ose même pas lui opposer un refus dans une situation aussi banale que le choix de la place d'une télévision. Dans son esprit, la moindre remarque négative de sa part équivaudrait à remettre en cause tout ce qui est positif dans son mariage. En exprimant ce non, elle est persuadée de creuser elle-même une brèche dans l'estime et dans l'amour que son mari lui porte. Elle craint de se montrer telle qu'elle se perçoit, maladroite, mesquine, en un mot minable.

Nous avons abordé, dans le chapitre V, les « distorsions cognitives » qui perturbent notre perception de la réalité, tant intérieure qu'extérieure, et nous conduisent à des erreurs de jugement. Dans le cas d'Odile, plusieurs distorsions cognitives sont impliquées et s'associent dans son évaluation de la situation. D'une part, la « généralisation », qui consiste à imaginer des conséquences générales à partir d'un événement précis. D'autre part, la « prédiction négative », qui l'amène à interpréter négativement les faits sans preuves à l'appui.

Autrement dit, Odile est sûre qu'une simple critique aura un impact considérable et des effets déplorables sur ses relations conjugales, la crainte de l'échec se profilant derrière tous ses raisonnements.

Au lieu de se torturer ainsi, elle devrait prendre en considération l'attitude de son mari. En effet, il semble que Serge ne soit pas insensible à son malaise, qu'il pressent que la télévision dans la chambre pose un problème à Odile. Il le lui dit, il insiste, mais elle ne peut se résoudre à lui parler. Bien qu'il tente de la rassurer, elle continue à affirmer que tout va bien, paralysée par ses certitudes et ses inquiétudes. Il ne lui vient pas une seconde à l'esprit de les partager avec Serge, malgré les signes d'encouragement qu'il lui prodigue. Elle n'imagine pas qu'une telle confidence pourrait avoir des effets bénéfiques ; que, contrairement à ce qu'elle craint, parler à son mari de ce qui la préoccupe est une preuve de confiance qui pourrait les rapprocher encore davantage.

Comme nous le suggérons dans le chapitre III, Odile doit croire un peu plus les autres, surtout ceux qui l'aiment, et elle croira davantage en elle. Que Serge l'ait épousée prouve bien qu'il l'aime et qu'il lui fait confiance, qu'il ne va pas tout remettre en question à cause d'un incident aussi minime que l'installation d'un poste de télévision et enfin qu'il a plutôt l'air d'être enclin au dialogue. Si Odile pouvait comprendre et analyser ces éléments, les comparer avec ses propres réflexions, et par-dessus tout en discuter avec Serge, elle ferait un grand pas vers le bien-être. Elle apprendrait notamment qu'elle a son mot à dire (y compris non) et que la confiance en l'autre est le garant de relations authentiques et solides.

Mathilde n'a pas froid aux yeux

Chaque automne, Richard, architecte dans une petite agence parisienne, engage pour l'année un nouveau stagiaire. Cette fois-ci, le stagiaire... est une petite brune prénommée Mathilde, fort mignonne, compétente (contrairement au stagiaire de l'an passé, elle semble connaître son travail), et intelligente. D'ailleurs, c'est elle qui a demandé à collaborer spécifiquement avec lui ! Pour la première fois depuis bien longtemps, Richard découvre avec joie qu'il peut compter sur une aide solide. Elle est toujours là quand il faut, souriante et efficace. Petit à petit, Richard lui donne plus de responsabilités.

Un soir qu'il travaille sur un projet pour le concours de l'aménagement de la Place L..., il lui propose de rester plus tard. Alors qu'elle s'occupe de la mise en pages du dossier, il met les dernières touches à une première série de dessins. Vers 20 heures, il commande une pizza.

« Tu dois peut-être téléphoner à quelqu'un ? suggère-t-il, alors qu'ils dînent.

Elle sourit

— Qu'est ce que tu veux dire ?

— C'est-à-dire, il n'y a personne qui t'attend chez toi ?

— Comme ta femme ?

Richard est choqué. Bien sûr, il pense qu'elle a un copain qui l'attend, mais il ne veut pas le formuler ainsi.

— Je me demandais... dit-il.

— Si on devait ou non coucher ensemble ?

— De quoi parles-tu ?

— C'est bien pour ça que tu m'as demandé de rester, non ?

Richard secoue la tête. Il avait eu des stagiaires de tout genre, mais c'est la première fois qu'il entend ça.

— Je t'ai juste demandé de rester tard à cause de ce projet et...

Elle sourit de nouveau, cette fois ironiquement, comme s'il se moquait d'elle.

— On ferait mieux de se remettre au travail », dit-il, très gêné.

Le lendemain, lorsqu'elle arrive après ses cours, il se sent mal à l'aise. Il évite son regard autant qu'il peut. Mais, finalement, elle réussit à lui faire un petit clin d'œil. Il se sent immédiatement coupable. Il est heureux, très amoureux de sa femme et ne court pas à droite ou à gauche. C'était bizarre cette sensation. Le soir, il ne demande pas à Mathilde de rester. Mais, vers 21 heures, alors qu'il est seul dans l'agence, il entend sonner à la porte. Mathilde est là, sur le seuil, des sandwichs à la main.

« Tu dois avoir faim, non ? »

Elle entre et débarrasse un coin de table. Richard ne sait quelle attitude adopter. Finalement, il s'assoit devant son

sandwich et l'écoute lui parler de ses cours, de ses projets. Elle est si jolie, si passionnée, si enthousiaste que, tout à coup, il ne peut résister et lui vole un baiser puis un autre, et un autre...
« Je suis fou, pense-t-il, complètement fou. »
En rentrant chez lui, il se sent vraiment mal, surtout quand il voit sa très jolie femme qui l'attend en lisant. Mais le lendemain, c'est encore pire. Mathilde est devant son ordinateur, l'air radieux. Il l'ignore toute la matinée, mais en début d'après-midi, alors que la plupart des membres de l'équipe sont partis sur un chantier, elle s'approche de lui.
« Ce soir, sourit-elle. Même endroit, même heure.
— Ce n'est pas une bonne idée, dit-il.
— Pourquoi pas ? Elle se penche et l'embrasse en susurrant, “C'était super”.
— Arrête, quelqu'un pourrait nous voir...
— Je m'en fous.
— Pas moi. »
À cet instant précis, Mlle Ménard, une des plus anciennes secrétaires de l'agence, fait son apparition. Elle paraît troublée par la scène. Elle pose son dossier sur le bureau et s'en va sans un mot.
« Bravo, dit-il. Maintenant, tout le monde va être au courant.
— Au courant de quoi ?
— Tu le sais très bien.
— Non, je ne le sais pas, Richard, dis-le-moi.
— Tu devrais retourner à ton bureau. »
Ce soir-là, pour éviter tout problème, Richard emporte les plans d'aménagement de la Place L... et son ordinateur chez lui. Un inconvénient bien moindre que celui de voir Mathilde débarquer à l'improviste à l'agence. Le

> reste de la semaine, elle se tient à distance. Le samedi après-midi, après avoir déposé ses enfants au cinéma, il passe au bureau pour scanner des plans. On sonne à la porte. C'est Mathilde :
> « J'ai vu ta voiture dans la rue. Je peux entrer ? »

Comme nous l'avons déjà observé à travers l'histoire d'Hélène et de Philippe, des difficultés peuvent surgir dans des circonstances où l'un souhaite avoir une liaison alors que l'autre ne le souhaite pas. Cependant, dans le cas de Richard, celui-ci s'est laissé entraîner par le désir et ce qui aurait dû être son premier non n'a même pas pu voir le jour. Par conséquent, il se retrouve dans une situation très difficile. Il doit stopper une liaison qu'il regrette et qui n'aurait jamais dû débuter. Le non qu'il doit exprimer est particulièrement complexe et délicat, car il a déjà cédé et Mathilde peut penser qu'il cédera encore. Dans ces conditions, pour elle, le non de Richard pourrait bien ressembler à un oui déguisé.

Richard s'est mis dans une position critique, non seulement à cause des perturbations que cela pourrait apporter dans sa vie privée, mais aussi des ennuis qu'il peut rencontrer dans son travail. En revanche, Mathilde, sa stagiaire, est en position de force. Elle a eu le stage qu'elle souhaitait, les responsabilités qu'elle ambitionnait et la liaison qu'elle convoitait. Par ailleurs, leurs modes de communication diffèrent radicalement. Richard préfère ne pas aborder les problèmes de front et louvoyer. À l'inverse, Mathilde excelle dans une conduite impétueuse et manifestement manipulatrice qui déstabilise complètement Richard. Comment doit-il s'y prendre pour se sortir d'affaire ?

Plutôt que de fuir et de se cacher, on peut conseiller à Richard d'adopter un comportement affirmé, tel que nous l'avons décrit dans le chapitre VI. Ce comportement consiste à essayer d'être le plus sincère possible, à énoncer sans agressivité ses besoins, tout en respectant ceux des autres et en les laissant également s'exprimer. Face à l'entreprise de séduction délibérée de Mathilde, face à ses initiatives provocantes, Richard va devoir opposer calmement un discours précis et sans ambiguïté, le seul langage qu'elle puisse entendre. Il doit choisir un moment propice à la discussion (par exemple, quand ils sont seuls dans un bureau) et lui faire part, sans irritation et loyalement, de ses sentiments et de sa situation. Il doit aussi lui dire qu'il regrette ce qui s'est passé entre eux, mais qu'il est fermement décidé à y mettre fin. Ces précisions une fois données, il peut lui demander ce qu'elle pense et ce qu'elle compte faire.

Une telle conduite est ordinairement efficace puisqu'elle tend vers le dialogue, qu'elle permet d'exprimer ses idées, ses émotions, tout en laissant à l'autre la possibilité de faire de même ; c'est un comportement qui vise à l'échange, dans un contexte de compréhension mutuelle, et qui met l'accent sur la recherche d'un accord possible.

Si Richard se montre suffisamment clair et qu'il affirme ses intentions d'une voix ferme qui ne prête à aucune interprétation équivoque, il y a de fortes chances pour que Mathilde comprenne le message. Il peut alors lui proposer de terminer son stage à l'agence, en ajoutant qu'elle peut travailler avec un autre responsable. Cette solution peut faciliter leurs futures relations qui seront dorénavant médiatisées par une tierce personne. Par ailleurs, cela permet à Mathilde de poursuivre son stage et de ne pas gâcher son année universitaire.

IV

Dire non en famille

La première partie de notre vie est gâchée par nos parents, la seconde par nos enfants.

Clarence Darrow

En raison du contexte particulier propre aux relations familiales, il nous est souvent très difficile de dire non à nos parents, frères ou sœurs et au reste de la famille. En général, les membres de la famille (au sens large) nous connaissent depuis toujours. Ils se souviennent de nous alors que nous étions nourrissons ou un peu plus âgés, qu'ils aient joué, passé des vacances avec nous ou simplement vu des photos. Ils ont également connu nos parents avant nous. En somme, ils possèdent des informations intimes à notre propos, dont nous ne nous souvenons pas. Peut-être même conservent-ils des secrets de famille que nous ignorons. Cette situation spéciale – une mise en mémoire, ailleurs, d'un passé enfoui, oublié – donne à ces personnes un certain poids et nous inspire une espèce de respect, voire de vagues craintes.

En outre, les relations familiales s'inscrivent dans la durée. Les membres d'une même famille se connaissent et se fréquentent régulièrement depuis très longtemps. Si l'amitié ou l'amour vont et viennent en fonction des circonstances de la vie, la consanguinité, en revanche, crée des liens qui, en général, perdurent au fil des ans. À de rares exceptions près, la famille reste l'élément stable de notre existence. Cette permanence établit un précédent puissant. À travers ces relations interpersonnelles persistantes, des habitudes vont être mises en place qui demanderont de grands efforts pour être changées. Si vous étiez incapable de dire non à votre frère aîné quand vous aviez 5 ans et lui 12, comment imaginez-vous lui dire non alors que vous en avez 30 ?

Mais ces habitudes se forment dans un cadre particulier : le noyau familial. Il n'existe pas d'autre groupe social que la famille où l'individu soit placé sous la dépendance de quelques individus de manière aussi exclusive et prolongée. Mais cette dépendance est réciproque. En effet, si l'enfant dépend pour son bien-être, pendant très longtemps, de la sécurité et de l'amour que lui dispensent ces parents, ces derniers sont également profondément liés à leur enfant, en raison du bonheur, des inquiétudes qu'il leur procure, de l'affection et de la tendresse qu'ils éprouvent à son égard. Ils sont liés aussi par leur implication totale dans l'éducation et le développement de leur enfant, qui peut contribuer à les valoriser en fonction de ses réussites comme à les dévaloriser, voire les culpabiliser, par ses échecs.

Aussi, à la faiblesse de l'enfant, démuni sur de nombreux plans, correspond un engagement sans faille des parents, une disponibilité pour le préserver des dangers qui le menacent. Mais cette protection n'existe pas sans contrepartie. Bien souvent, les parents ont du mal à accepter que leur enfant soit différent ; ils le vivent comme un prolongement d'eux-mêmes, le désirent semblable à eux. Et de ce fait, ils ont souvent beaucoup de difficultés à accepter ses caractéristiques propres, ses initiatives personnelles, ses aspirations à une certaine liberté. De son côté, l'enfant qui sent bien tout ce qu'il doit à ses parents, qui les aime et veut se sentir accepté, aidé, aura du mal à se dégager du moule que constitue le milieu familial. La conscience qu'il a de dépendre des membres de sa famille et la reconnaissance qu'il éprouve pour leur dévouement pourront l'entraîner à les « récompenser » par des actes conformes à leurs exigences. En conséquence, pour être accepté comme un de ses membres, pour appartenir à la famille, l'enfant pourra s'oublier en tant qu'individu et s'aligner sur le modèle familial. De leur côté, les parents auront du mal à renoncer à leur rôle où se confondent amour, protection, autorité, préservation d'une union et d'une uniformité sans faille.

Ainsi, le poids des expériences vécues dans la famille va-t-il déterminer en grande partie l'évolution des relations entre ses membres. On peut comprendre qu'il existe une force puissante qui nous pousse à préserver des liens noués dans le passé, quel qu'en soit le coût. Le désir d'appartenir à une famille et de préserver son unité demeure fortement ancré en nous. C'est pourquoi, dans le but de la sauvegarder, nous avons tendance à nous soumettre aux conventions qui régissent la vie familiale. Dire non à un membre de la famille peut être ressenti comme un refus de la famille elle-même et peut nous faire craindre rejet et solitude. Néanmoins, un non à la famille doit-il vraiment conduire à un malaise irréparable et à un rejet définitif ?

Le repas du dimanche

Chaque dimanche, Gabriel déjeune chez ses parents, avec sa sœur, son beau-frère et leurs trois enfants. Toute la semaine, il appréhende ce déjeuner. Ce n'est pas qu'il

n'aime pas sa famille ou qu'il ne prenne pas plaisir à la voir, mais il supporte mal l'idée de devoir déjeuner chaque dimanche avec les mêmes personnes jusqu'à la fin de ses jours. Il arrive à se dégager de ce déjeuner uniquement l'été pendant ses vacances. De temps en temps, il essaie quand même.
« Je ne pourrai pas venir dimanche, dit-il à sa mère au téléphone.
— Gabriel, tu sais combien ton père tient à ta visite.
— J'ai autre chose à faire.
— Si tu dois déjeuner avec quelqu'un, tu n'as qu'à l'amener.
— Ce n'est pas ça, j'ai quelque chose d'autre à faire.
— Je ne comprends pas, réplique sa mère. Que peut-il y avoir de plus important que notre déjeuner familial ?
— Mais Maman, il y des dimanches où ça ne m'est pas commode.
— Et depuis quand ?
— Mais essaie de comprendre.
— Je comprends, je comprends que tu me caches quelque chose.
— Mais ce n'est pas ça. Je ne peux simplement pas venir dimanche.
— Eh bien, viens quand même.
— Je viens de t'expliquer que...
— Ça m'est égal. Viens quand même.
— Est-ce que tu veux bien essayer de comprendre ?
— Je comprends que je te verrai dimanche et qu'on en parlera à ce moment-là. »

Cette histoire est on ne peut plus classique : une mère qui continue à traiter son fils comme un enfant, bien que celui-ci n'en soit plus un depuis longtemps. Quoique...

C'est l'évidence. À partir du moment où l'un de nos parents fait preuve d'autorité, nous nous sentons régresser et avons tendance à nous laisser infantiliser. Apparemment, nous avons dépassé la trentaine, mais au fond, nous avons toujours 3 ans. Dans le chapitre II, vous avez compris que la plupart des difficultés à dire non proviennent de l'enfant qui persiste en nous, qui se sent coupable et ne supporte pas l'idée d'être rejeté, qui est prêt à tout pour conserver l'amour de ses parents. Quel que soit notre âge, quelle que soit notre situation professionnelle, quel que soit le contrôle que nous avons sur nous-mêmes, ces sentiments et cet état d'esprit perdurent et influencent insidieusement nos relations à la famille.

Toutes ces années de dressage, les remontrances du style « Tu dois écouter tes parents et leur obéir » nous ont marqués et leurs effets se prolongent bien après la fin de l'enfance. Gabriel, individu civilisé et bien élevé, ne peut s'autoriser à répondre à sa mère de le laisser en paix et de s'occuper de ce qui la regarde. Il ne peut pas non plus opposer aux sempiternelles questions de sa mère un « Non, parce que je ne veux pas » qui ferait réapparaître l'enfant agressif qu'il a été ; c'est impensable et insoutenable. Cependant, il faut qu'il parvienne à se sortir de cette situation en posant ses limites et en prenant ses responsabilités.

Dans un premier temps, il doit déterminer précisément ses objectifs : ne plus assister systématiquement aux repas du dimanche (ce qui ne signifie pas qu'il n'y assistera plus jamais) ; éviter de blesser sa mère et sa famille ; ne pas se culpabiliser et ne pas se laisser culpabiliser.

Plutôt que d'exprimer brutalement sa décision, il peut utiliser le seul discours acceptable et compréhensible pour sa mère, à savoir l'importance capitale d'être une bonne mère. Quand elle lui répond « Ton père tient tant à ta présence », il peut alors solliciter son aide à travers un « J'ai besoin de toi pour servir d'intermédiaire et pour dire à mon père que j'ai beaucoup de travail et que je ne pourrai pas venir déjeuner dimanche. Tu me rendras un grand service, si c'est toi qui le lui annonces ».

Si ce procédé ne règle pas le problème de fond, il a l'avantage de ménager la susceptibilité de l'interlocuteur. En effet, cette déclaration de Gabriel introduit implicitement une nouvelle donne – c'est le père qui est trop exigeant – et confère à sa mère le rôle du parent compréhensif et obligeant qui épaule son enfant quand il en a besoin.

Par ailleurs, Gabriel peut également utiliser le « non… mais » qui, comme nous l'avons vu dans le chapitre IV, réduit l'impact du non en mettant l'accent sur le « mais » et sur l'ouverture qu'il induit. Il peut proposer de venir une autre fois, éventuellement d'amener un ou une amie, ou encore d'inviter ses parents au restaurant. Toutes ces offres de compromis peuvent entraîner une résolution progressive du problème. Elles témoignent de la bonne volonté de Gabriel, de son désir de faire plaisir à ses parents et de ne pas les brusquer. En outre, elles introduisent une plus grande souplesse dans la relation et permettent à Gabriel d'assumer sa nouvelle autonomie sans se culpabiliser excessivement.

Que ses efforts de conciliation soient ou non approuvés, Gabriel aura fait un grand pas vers l'autonomie. Il se sera prouvé qu'il est capable de commencer à « couper le cordon ombilical » en introduisant, avec tact mais fermeté, un changement dans ses relations avec ses parents. Et par la suite, il se sentira plus libre pour persister dans ses intentions, même si sa mère persiste dans les siennes.

L'argent familial

« Tu peux me prêter 150 euros ? » demande Chloé à sa sœur.

Séverine se sent brusquement très tendue. Elle ne veut plus prêter d'argent à Chloé. Elle n'en a d'ailleurs pas les moyens.

« Je ne pense pas que ce soit vraiment possible en ce moment, dit-elle.
— Mais tu m'en as prêté plusieurs fois, proteste Chloé.
— Et tu ne m'as jamais remboursée, lâche Séverine, le cœur battant.
— Cette fois, je te jure que je te rembourserai, promet Chloé. Allez, tu peux en être sûre. J'en ai juste besoin pour quelques semaines. »
Séverine pâlit et pense qu'elle a déjà entendu cette chanson-là.
« Et puis qu'est-ce que c'est que quelques centaines d'euros entre sœurs, continue Chloé. J'en ai vraiment besoin, sinon tu penses bien que je ne t'embêterais pas avec ça.
— Tu sais, je crois que mon mari ne sera pas d'accord.
— Il n'est pas nécessaire qu'il le sache... à moins que tu n'aies envie de le lui dire. »
« Mon Dieu, non ! » pense Séverine. S'il apprenait combien d'argent elle a prêté à Chloé ces dernières années, il serait furieux.
« Après tout, ça serait peut-être une bonne idée de le mettre au courant. Comme ça, les choses seraient claires », s'exclame Chloé.
Séverine frissonne, les mains moites.
« Laisse-moi y penser, dit-elle. Je peux peut-être trouver une solution pour t'aider. »

Séverine est très mal à l'aise, terriblement perturbée par la demande de sa sœur. Elle lui a déjà, à plusieurs reprises, prêté de l'argent et elle sait pertinemment que si elle recommence, elle ne le récupérera jamais. Cette certitude provoque en elle une crise d'anxiété dont Chloé tire profit. Plus le trouble de Séverine augmente, plus il y a de risques pour qu'elle cède de nouveau. Que peut-elle faire dans ces conditions ?

Comme nous avons tenté de le mettre en évidence dans cet ouvrage, il est très difficile, voire impossible, d'exprimer un non efficace si l'on est envahi et débordé par une forte anxiété. Le rythme cardiaque s'accélère, le corps frissonne et la cohésion interne semble s'évanouir. Ces manifestations d'un bouleversement intérieur interdisent toute concentration sur un non pourtant nécessaire. Vous ne pouvez contrôler votre non si vous ne pouvez contrôler votre propre corps et vos émotions. Pire encore, moins vous vous maîtrisez et plus les autres peuvent exercer leur emprise sur vous. Souvenez-vous-en : vous vous mettez à la merci des autres chaque fois que vous vous laissez dominer par l'anxiété.

En outre, Chloé sait parfaitement que le mari de Séverine n'approuverait pas ce prêt. En lui proposant d'en discuter avec son mari, Chloé manipule sa sœur, cherchant délibérément à la mettre en difficulté et à accroître son anxiété. Après avoir respiré profondément pour récupérer son calme et réduire les signes physiques d'anxiété, Séverine peut toujours proposer de retarder sa réponse. Lorsqu'on se trouve confronté à une situation délicate, une des premières choses à faire est de refuser de s'engager et se donner du temps pour réfléchir.

Ce délai peut permettre à Séverine de comprendre que sa sœur la manipule. Dans ces circonstances, si elle ne se sent pas assez solide pour faire face seule à ce type de manigance, elle peut en parler à un(e) ami(e) en qui elle a vraiment confiance. Communiquer ses difficultés est un moyen de se soulager, mais aussi de prendre du recul pour examiner la situation sous tous ses angles. Elle pourra se rendre compte tout d'abord que le comportement de sa sœur n'est pas correct. Ensuite, elle devra se demander si elle doit se sentir forcément responsable des dettes ou des besoins d'argent de Chloé. Enfin, elle pourra se déculpabiliser en s'apercevant qu'elle a déjà fait de nombreux efforts financiers pour aider sa sœur ; que celle-ci ne l'a jamais remboursée, sans aucun scrupule, et qu'elle-même n'a pas les moyens de continuer à lui prêter de l'argent. Tous ces arguments peuvent la soutenir et la mettre en confiance quand elle dira non à Chloé. C'est la seule solution possible pour poser ses limites et pour exprimer son désir d'être enfin respectée. Sinon, Chloé continuera à lui demander de l'argent et Séverine continuera à lui en prêter.

Le dialogue pourrait prendre la tournure suivante :

« Je ne te prêterai pas d'argent, d'une part, parce que je n'en ai pas les moyens et d'autre part, parce que tu ne me rembourses jamais ce que tu me dois.

— Cette fois, je te jure que je te les rendrai.

— C'est possible, mais je n'ai plus confiance en toi.

— Tu es vraiment mesquine. Tu me déçois beaucoup.

— Tu peux penser ce que tu veux, ma décision est irrévocable.

— Ce n'est pas une grosse somme.

— Pour toi peut-être, mais pas pour moi. Demande à quelqu'un d'autre ou fais un emprunt à ta banque. »

Si Chloé insiste encore, Séverine doit abréger la conversation en exprimant ses sentiments : « Je trouve que tu ne me respectes pas en insistant ainsi. Je désire que tu arrêtes de me demander de l'argent. » En restant ferme sur ses positions, Séverine fait au moins passer clairement son message et lève toute ambiguïté sur ses intentions. Par ailleurs, ayant pu établir une communication plus franche avec sa sœur, leurs relations futures auront l'avantage d'être plus authentiques et moins stressantes pour Séverine.

Alex veut des bonbons

Camille, après avoir installé Alex sur le Caddie, commence à chercher les produits dont elle a besoin à toute allure. Elle est pressée. Dans sa hâte, elle oublie d'éviter comme à son habitude le rayon de bonbons.
« Bonbons, dit Alex dès qu'il les aperçoit. Je veux des bonbons. »
Camille ne répond pas.
« Je veux des bonbons, s'écrie Alex d'une voix perçante, en essayant de sauter hors du Caddie.
— Assieds-toi, dit Camille
— Je veux des bonbons.
— On n'a pas le temps.
— Tu es une méchante maman, crie Alex. Je ne t'aime plus. T'es méchante.
(Les autres clients commencent à la regarder.)
Camille se sent très gênée.
— Mais si, tu aimes Maman.
— Non, non, je t'aime plus, hurle Alex, le visage cramoisi.
— Calme-toi, dit Camille peinée, troublée, ne supportant pas l'idée qu'elle pourrait être une mauvaise mère. D'accord, on va acheter des bonbons. »

Nous l'avons déjà observé, il est parfois très difficile de dire non quand nous nous trouvons à l'extérieur, entourés de personnes inconnues. C'est ce qui arrive à Camille qui se sent doublement mal à l'aise. D'une part, son fils la retarde alors qu'elle est pressée et d'autre part, les hurlements du bambin attirent l'attention sur elle. Dans ces circonstances, Camille se décontenance rapidement et pour éviter le jugement des autres ou les déranger, elle cède et achète les bonbons. Dans son esprit, c'est la solution la plus facile pour échapper à une situation où d'autres l'observent et peuvent la critiquer. Après tout, pourquoi pas ! En agissant ainsi, elle ne perd pas de temps et ce n'est pas si grave d'acheter une fois des bonbons à son enfant.

Néanmoins, le problème est ailleurs. Il y aura d'autres occasions similaires. Va-t-elle toujours céder ? Mais, et c'est plus grave, les paroles d'Alex l'ont peinée ; elle en est arrivée à penser qu'elle était une mauvaise mère. L'anxiété qui surgit dans des moments semblables peut être assimilée à l'anxiété de performance ; en d'autres termes, ne pas se sentir à la hauteur d'une tâche. Comme nous l'avons vu dans le chapitre III, nous nous jugeons incapables de montrer les qualités requises pour faire face à une situation donnée.

De nombreuses mères ont eu des réactions identiques et Camille n'est ni la première ni la dernière à en passer par là. Elle peut d'ailleurs en parler autour d'elle avec des parents plus expérimentés : faire des courses avec un enfant est souvent une épreuve de force qui suscite conflits et irritation et il arrive qu'on en revienne plutôt mal à l'aise.

Mais elle peut également tenter de combattre sa tendance à se culpabiliser, en se posant un certain nombre de questions. Alex est-il en mauvaise santé ? Est-il triste et angoissé ? Est-il renfermé et solitaire ? Lui a-t-on jamais fait des remarques, à la maternelle ou en famille, qui laisseraient entendre qu'elle s'occupe mal de son fils ? Si elle répond négativement à toutes ces questions, elle se sentira rassurée ; elle ne pourra plus imaginer qu'elle est une mauvaise mère, mais simplement reconnaître qu'elle est un peu trop sensible aux marques d'agressivité « normales » exprimées par son enfant et qu'elle doit essayer d'atténuer ce penchant.

Aussi, la prochaine fois qu'une telle situation se présentera, Camille doit à tout prix éviter de se sentir dévalorisée. Tout d'abord, en n'accordant pas une importance inconsidérée aux regards des autres. Elle ne les connaît pas et ne les reverra jamais. Ensuite, en restant calme et ferme devant la fureur et les paroles désagréables de son fils à qui elle peut répondre par exemple : « Tu n'as pas de chance d'avoir une méchante maman, je te plains mais tu ne peux pas en changer. » Ces quelques mots qui ne le grondent ni ne l'humilient suffisent bien souvent à calmer un enfant en colère contre sa mère.

Plus généralement, dans ce type de situations, il est préférable de préparer la sortie et de dire non avant d'être sur place. Camille, afin d'éviter d'être confrontée à de telles scènes, devra avertir Alex qu'ils vont faire des courses pour la maison et qu'il ne devra pas exiger des bonbons. Quitte à lui en acheter en d'autres occasions, mais, dans ce cas, c'est elle qui prendra la décision, qui se fera plaisir tout en faisant plaisir à son fils.

Ce soir, je dors chez une copine

« Salut Papa. Je t'appelle pour te dire que je vais dormir chez Sabrina ce soir après la boum.

— Tu vas quoi ?

— Dormir ce soir chez Sabrina. Ses parents sont vraiment cool. J'ai dit à Sabrina que mon père était vraiment cool aussi.

— Écoute, on parlera de tout ça quand je rentrerai ce soir.

— On n'aura pas le temps. Il faut que je sois là-bas avant 18 heures pour aider.

— Pas question. Dans ce cas je dis non.

— Mais pourquoi, Papa ? Tu sais, tous les autres font comme ça et leurs parents sont tous d'accord.

— Je me moque des autres parents, tu as 15 ans, j'ai déjà dit non, c'est non, c'est tout.

— Mais Papa, je ne peux pas être le seul qui rentre chez lui.
— Encore une fois, non.
— Sois gentil, Papa. Je sais que tu ne veux pas que je sois malheureux. Tu ne peux pas me faire ça. Et puis je ne peux pas laisser tomber les copains qui comptent sur moi. Ou alors, tu dois leur expliquer toi-même.
— Bon, on m'appelle sur une autre ligne. Pour cette fois, tu fais comme tu veux.
— Super. À plus. »

La situation que nous venons d'évoquer est relativement habituelle. Un père n'est pas d'accord avec son enfant, tente de lui dire non puis fait machine arrière. Pourquoi ? Par manque de temps.

Comme nous l'avons souligné à plusieurs reprises dans la première partie de ce livre, dire non ne s'apprend pas du jour au lendemain. Mais en outre, il n'est pas toujours recommandé de dire non dans l'immédiat. En effet, dire non demande du temps et une certaine préparation. Quelle que soit la situation, quelle que soit la méthode utilisée, il faut s'accorder un répit avant d'exprimer un refus. Ce délai souvent nécessaire varie selon les circonstances. Parfois, le non peut être énoncé après un bref moment de réflexion ; mais parfois, il est plus difficile à dire et va demander un effort soutenu tant dans son élaboration que dans son expression.

La première chose à faire, si vous êtes pressé, c'est de prendre votre temps... et de remettre votre décision à plus tard. Ce père, dont l'agenda professionnel est surchargé et qui subtilise quelques minutes pour parler avec son fils, n'est pas en position pour négocier ni pour affirmer son autorité. En outre, il risque de passer pour un pantin aux yeux de son fils. Par conséquent, il doit suspendre sa décision et reprendre la discussion quand il pourra le faire sans être obligé de surveiller sa pendule ou sans risquer d'être constamment interrompu par le téléphone. Il est également souhaitable qu'il ait cette conversation en particulier et face à face avec son fils, montrant ainsi qu'il accorde de l'importance à la situation. Il peut facilement insister pour qu'ils se voient à la maison, au bureau ou si cela s'avère impossible dans un lieu intermédiaire.

Ce laps de temps permettra au père de décompresser et de réfléchir. Que sait-il à propos de cette fameuse fête ? Bien peu de choses. Il pourrait, par exemple, appeler les parents de Sabrina pour avoir de plus amples informations. Ces renseignements supplémentaires devraient l'aider à comprendre ce qui se passe. Ainsi, quand il discutera avec son fils, il pourra le faire en toute connaissance de cause. Mais il est nécessaire qu'il écoute aussi ce que son fils veut lui dire, calmement et avec patience. Ainsi, quelle que soit sa décision finale, elle aura le mérite d'être argumentée et de tenir compte des positions des différents « acteurs » impliqués dans cette affaire.

En tout état de cause, il est capital pour ce père de se rendre compte que dire non prend du temps. Si ça vaut le coût de dire non, alors ça vaut la peine d'essayer de le dire d'une manière appropriée et en choisissant son moment, quelles que soient les pressions auxquelles on est soumis.

Les amis importuns du mari

« Joëlle, j'ai invité les Paquin à dîner vendredi. »
Joëlle ne bronche pas, mais elle se sent tout à coup abattue. Les Paquin, pense-t-elle, encore eux !
« Tu n'as qu'à faire quelque chose de simple, des pâtes par exemple et puis pour commencer des poivrons chauds ou une salade mozzarella-tomates. Qu'en penses-tu ?

— Qu'est-ce que je pense de quoi ?
— Des poivrons.
— Excuse-moi, je ne faisais pas attention...
— Les Paquin. Tu veux faire des poivrons ou de la mozzarella ? »
Je voudrais surtout ne rien faire du tout, songe-t-elle. Colette Paquin est une mauvaise langue insupportable qui passe son temps à dénigrer le monde entier. Quant à Antoine Paquin, il s'endort régulièrement sur le canapé. Les Paquin... encore les Paquin...
— Tu m'as entendu ?
— Quoi, chéri ?
— Poivrons ou mozzarella ?
— Cela n'a pas d'importance. »
Rien n'a d'importance puisque les Paquin viennent dîner. Bien sûr, elle comprend que ce sont des relations importantes pour le cabinet immobilier de son mari, mais faut-il les voir si souvent ? Quand sont-ils venus dîner pour la dernière fois ? Deux semaines auparavant, peut-être trois ? Ce soir-là, elle a fait un rôti que Colette Paquin a déclaré trop cuit. Ensuite, le café était trop fort... et pour couronner le tout, elle lui a fait remarquer qu'elle avait grossi et qu'elle devrait perdre quelques kilos.
« Tu as entendu ce que je t'ai demandé ?
— Oui, répond Joëlle. Je ferai plutôt des poivrons. »

Joëlle aimerait sans doute dire à son mari : « Non, pas de nouveau dîner avec les Paquin », mais en fait elle n'y pense même pas. Au lieu de cela, paraissant écouter ce que son mari est en train de lui expliquer, elle est ailleurs. Elle est fermée au monde extérieur, retranchée dans son univers où elle ne cesse de se remémorer toutes les raisons pour lesquelles elle ne veut pas revoir les Paquin. Elle est à ce point dominée par ses pensées négatives que son mari est obligé de la solliciter à plusieurs reprises avant qu'elle ne lui réponde. Mais son mari ignore que ce qui peut passer pour de l'inattention est, en réalité, une manifestation d'anxiété.

Comme nous l'avons vu dans le chapitre V, l'anxiété a des effets pernicieux, souvent incontrôlables, qui s'expriment à différents niveaux. Dans le cas de Joëlle, l'anxiété est tellement forte qu'elle la paralyse. D'une part, elle l'isole des autres – elle n'écoute plus son mari, elle ne peut plus dialoguer avec lui, encore moins se laisser aller à lui confier ses émotions. D'autre part, elle l'empêche de réfléchir à des solutions qui pourraient l'aider. Elle semble engluée dans ses ruminations qui court-circuitent toute possibilité de se défendre et d'analyser la situation pour résoudre son problème, situation qu'elle a d'ailleurs jugée une fois pour toutes. Elle semble prise au piège de sa propre évaluation des stresseurs, les Paquin : le dîner s'est déjà si mal passé la dernière fois qu'elle est convaincue que le même scénario va recommencer ; elle va de nouveau se sentir humiliée, dévalorisée, diminuée.

Il est certain qu'il n'est pas agréable de passer un moment avec des individus qu'on n'aime pas. Mais, en l'occurrence, l'appréhension très négative de la situation par Joëlle lui rend les événements encore plus difficiles à vivre et à supporter. Ce sentiment subjectif qu'elle ne maîtrise rien, qu'elle ne peut rien en dire accentue son anxiété. Dans ces conditions, on comprend qu'elle ait une réaction aussi peu adaptée, qui l'empêche de gérer avec efficacité la situation et surtout d'en parler à son mari. On peut tout à fait penser que son anxiété ne lui permet même pas d'imaginer qu'elle pourrait dire non, simplement dire non en expliquant pourquoi.

Joëlle n'est pas seule dans ce cas. De nombreuses personnes sont tellement accoutumées à accepter un certain degré d'anxiété, qu'il ne leur vient pas à l'esprit qu'elles pourraient y remédier. Elles sont, comme Joëlle, accablées, persuadées que rien ne pourra jamais changer. Elles vivent avec leur stress incommunicable, dans une espèce de circuit fermé qui alimente et renforce leur malaise.

Cependant, extérioriser un problème, en exprimant notamment l'anxiété mais aussi les émotions et les sentiments qui la soustendent, peut nous aider à prendre du recul et à mieux nous contrôler. Dans un premier temps, on peut conseiller à Joëlle d'écrire sur un carnet ce qu'elle ressent, ce qui peut déjà l'aider à se dégager de ces litanies qu'elle retourne sans cesse dans sa tête et qui la tourmentent. Elle aura ainsi la possibilité de relativiser certaines des critiques qui lui sont insupportables. Est-elle une si mauvaise maîtresse de maison ? Fait-elle si mal la cuisine ? A-t-elle réellement grossi ces derniers temps ? Si oui, est-ce que cela la gêne ?

Ces questions une fois écrites, elle peut essayer d'y répondre elle-même, mais elle peut aussi les poser à son mari. Ainsi, par ce biais, elle peut amorcer un dialogue qui va lui permettre d'aborder son véritable problème : dîner ou ne pas dîner avec les Paquin. Son mari prendra ainsi conscience des difficultés qu'elle éprouve et cherchera avec elle une solution. Il pourra notamment la rassurer sur ses qualités culinaires et sur son aspect physique et l'assurer qu'elle n'a rien à craindre dans ces domaines. De son côté, elle peut lui proposer qu'il rencontre les Paquin ailleurs, dans un cadre plus professionnel, un déjeuner d'affaire auquel elle n'aura pas besoin de participer.

Cette concertation, quelle que soit leur décision prise en commun, aura pour effet de soulager l'anxiété de Joëlle. Et si ce dîner devait quand même avoir lieu, elle sera alors capable de l'aborder dans de meilleures conditions.

V

Dire non au quotidien

Non, la privation de cette syllabe condamne un peuple à la servitude.

La Boétie

Les « non » au quotidien sont des non qui nous concernent souvent en tant que simple citoyen, par exemple face à des institutions, ou en tant que consommateur. La plupart du temps, ils ont en commun un élément important : la personne à laquelle nous souhaitons dire non est un parfait étranger, quelqu'un que nous rencontrons pour la première fois ou que nous connaissons très superficiellement. Nous pouvons comprendre qu'une personne aimée nous influence, mais quelqu'un qui nous est complètement étranger ! Pourquoi a-t-il tant de pouvoir sur nous ?

Une partie de la réponse est liée au contexte : un inconnu peut nous impressionner parce que notre non devra souvent être exprimé publiquement, sous le regard des autres. Des témoins sont partout présents, dans le métro, dans une boutique, au marché. Ils sont supposés écouter ce que nous disons, observer nos réactions et, nous le craignons, nous juger. Comment pourrions-nous supporter de nous mettre dans une position embarrassante devant d'autres personnes qui nous « ont à l'œil » et dont nous pourrions un jour – Dieu nous en préserve ! – de nouveau croiser le chemin ? Parfois, nous pourrions souhaiter qu'ils nous aident, qu'ils nous soutiennent quand nous exprimons un refus, mais, bien souvent, il n'en est rien. Peut-être les sentons-nous même vaguement agacés par notre conduite. Aussi, dans notre imaginaire, s'ils ne sont pas avec nous, ils sont contre nous. Après tout, dans la mesure où nous ne les connaissons pas, ils peuvent être de connivence et s'apparenter à un groupe devant lequel nous devons faire une démonstration, que nous devons convaincre. Le challenge est trop grand. Il vaut mieux ravaler nos sentiments plutôt que de nous laisser humilier en public.

Mais il existe une autre raison, peut-être encore plus importante, qui amplifie nos difficultés à dire non au quotidien. Et qui est sous-tendue par la dynamique du pouvoir inhérente à la relation client/professionnel. Il est tacitement établi que celui qui vend un produit ou un service le connaît mieux que celui qui l'achète. Nous sollicitons une expérience, un savoir-faire de la part du teinturier ou du fleuriste et non le contraire. En principe, nous espérons que celui qui vend est mieux informé et plus compétent que celui qui achète.

Aussi, lorsque nous sommes confrontés à cet expert, nous avons tendance à nous fier à lui et plus tellement à nous-mêmes, à nos opinions et à nos instincts. Nous écoutons avec attention ses suggestions et suivons même avec obéissance ses injonctions. Ne pas être d'accord ou discuter avec un spécialiste que nous sommes allés chercher nous semblerait maladroit, mais aussi arrogant. Dans la mesure où il connaît son sujet mieux que nous, nous nous sentons extrêmement prétentieux, ou extrêmement grossiers si nous pensons en savoir plus. En conséquence, nous allons nous soumettre à des conditions que nous jugeons abusives, acheter des produits trop chers et accepter des services inutiles. Métamorphosés en client, nous sommes non seulement crédules mais encore facilement manipulables. Et souvent face à quelqu'un qu'on ne reverra jamais !

Pourquoi ? Parce qu'à travers la relation professionnel/client, on se retrouve en terrain familier, on se transforme en enfant face à des parents tout-puissants. Nous voulons faire plaisir au représentant de l'autorité. Nous voulons faire le bon choix, c'est-à-dire le sien. Nous ne voulons pas le critiquer. Face aux risques de confrontation, la plupart d'entre nous font machine arrière et font ce qu'on leur dit de faire au lieu d'argumenter leurs raisons et d'affirmer et de soutenir leurs opinions, leurs besoins, leurs désirs. Cette mécanique personnelle est difficile à remettre en question.

Le coiffeur sachant couper

Pierre-Louis a rendez-vous chez un coiffeur créatif du 6e arrondissement. Un jeune homme, très branché, le conduit jusqu'au « coin » de Régis. En attendant celui-ci, Pierre-Louis se regarde avec une certaine satisfaction dans le miroir : la quarantaine distinguée, un visage fin, les tempes légèrement grisonnantes.

« Alors, annonce Régis, nous pourrions couper derrière, rehausser sur le dessus et raser les côtés.

— Bonjour, répond Pierre-Louis.

— Oh, excusez-moi, dit Régis, tandis que les spots illuminent ses cheveux rouges. Bonjour. Je vous ai aperçu dans le miroir et j'ai immédiatement flashé sur votre coupe. Il faut enlever là, poursuit-il en plongeant ses

doigts dans la nuque de Pierre-Louis, et surélever ici, ajoute-t-il en lui triturant le sommet du crâne.
— Je préfère les nuques plus longues, réplique Pierre-Louis.
— Avec votre figure mince et votre long cou, vous feriez mieux de mettre l'accent sur le haut de la tête. Il faut donc raser la nuque et raccourcir sur les côtés.
— Mais je suis juste venu pour une petite coupe, c'est tout.
— Naturellement, je peux vous faire ça, répond Régis. Mais, ça serait tellement mieux de changer votre look. »
Il sourit. Pierre-Louis sourit également. Il pense à ses collègues au bureau.
« Je travaille dans un milieu peu fantaisiste, explique-t-il. Je ne peux pas me permettre de ressembler à un rockeur. »
Régis, vexé, réplique avec une certaine froideur.
« Comme vous voulez. Mais je peux vous assurer que votre coiffure ne vous va pas. Il fronce les sourcils. Vous pourriez être beaucoup mieux. »
Pierre-Louis se regarde dans la glace. Les rides autour de ses yeux se sont accentuées, semble-t-il, comme s'il venait tout à coup de prendre un coup de vieux.
« Qu'est-ce que vous voulez dire exactement ? »
Régis s'évertue à démontrer les avantages de la nouvelle coupe et conclut, souriant à nouveau.
« Je sais beaucoup mieux que vous ce qui vous va bien et vous rajeunira. Vous connaissez votre métier, je connais le mien. »
Mais tandis que Régis exécute la fameuse coupe, Pierre-Louis se rend vite compte qu'il a eu tort d'accepter. Il ne se reconnaît plus du tout. Il se sent déjà frigorifié avec sa nuque rasée, les longues mèches sur le haut de

sa tête rebiquent et ne semblent convenir ni à son âge ni à sa profession.
« C'est magnifique, non ? » demande Régis aux autres coiffeurs.
Les exclamations fusent : « C'est de la dynamite », « C'est super », « C'est très sympa ».
Pierre-Louis tente de comprendre ce qu'ils veulent dire, mais en vain. Il en conclut que leurs commentaires s'adressent à la coupe et non à lui.
« Ah, je suis fier de moi », clame Régis, radieux, tout en vaporisant la nouvelle coiffure avec un spray qui la fige définitivement.
Pierre-Louis n'ose pas dire à Régis combien il déteste sa nouvelle tête. Il aurait à batailler contre son coiffeur mais aussi contre toute l'équipe. À la seule idée de prononcer de telles paroles dans un endroit rempli d'opposants, son cœur s'accélère. « Inutile de protester. Je n'y changerai rien en faisant une scène », soupire-t-il, intérieurement résigné à attendre que ses cheveux repoussent.
Pierre-Louis règle son dû, ne laisse pas de pourboire et se précipite dans le premier salon venu pour faire réparer les dégâts.

Pierre-Louis a eu la possibilité de dire non par deux fois : la première avant la coupe, la seconde après la coupe catastrophique. Mais à deux reprises, quelque chose en lui l'a retenu et empêché de dire ce qu'il pensait.

Cet homme, qui paraît sûr de lui, se retrouve subitement mal à l'aise, comme intimidé par les arguments de Régis. Celui-ci, très habilement, joue sur du velours : la promesse de rajeunissement. Qui n'a jamais rêvé de sortir de chez son coiffeur embelli et paraissant dix ans de moins ? Aussi Pierre-Louis se laisse-t-il piéger, séduit par l'idée de resplendir et de ressembler à son image idéale, être encore plus beau, encore plus jeune.

Régis est d'autant plus persuasif qu'il s'impose avec autorité comme le « professionnel », détenteur d'un savoir, face à un novice ignorant et inexpérimenté. Il y a de quoi en perdre son assurance et se retrouver sans défense. La seule pensée de s'opposer à ce spécialiste, de le décevoir en refusant de l'écouter, suscite l'anxiété de Pierre-Louis et le conduit à accepter sa proposition. Ce type d'anxiété – l'anxiété d'« évaluation » dont nous avons parlé dans le chapitre III – consiste à craindre l'opinion des autres.

Pierre-Louis se croit incapable de maintenir sa position, il a trop peur d'être alors jugé et critiqué. Et, même après avoir constaté, *de visu*, que cette coupe ne lui convenait pas, il n'ose encore rien dire, d'autant plus que d'autres coiffeurs appelés par Régis confirment les avantages de la nouvelle coiffure. C'en est trop pour Pierre-Louis, qui se sent incompétent et désarmé pour lutter contre un groupe soudé et enthousiaste. S'il exprime le moindre doute, tout le monde va lui expliquer qu'il a tort, qu'il est très bien ainsi. Cette certitude l'angoisse et le paralyse encore davantage.

Dans ces circonstances, Pierre-Louis oublie qu'un coiffeur est là pour répondre à ses besoins en tant que consommateur. Quand nous sommes confrontés à une situation intimidante, un simple rappel des tenants et des aboutissants (c'est moi le client et vous êtes à mon service) suffit à ramener les choses à leur juste valeur.

Considérons la réaction de Pierre-Louis. Il donne l'impression d'occuper en permanence la position « basse » dans une relation complémentaire, qui devient de ce fait une relation « pseudo-complémentaire » rigide, où tout échange est impossible. Par conséquent, Pierre-Louis, après avoir écouté les conseils de son coiffeur, doit occuper à son tour la position « haute » ; il doit donner son avis et davantage d'informations sur lui, de manière à faire comprendre à Régis qu'il ne veut pas d'une coiffure incompatible avec ses fonctions.

Afin de relativiser l'anxiété qui est à l'origine de sa réaction, Pierre-Louis devrait commencer par s'interroger. A-t-il besoin, en dernière instance, de l'approbation de son coiffeur ? Est-ce si grave si ce dernier est déçu ? Par ailleurs, l'anxiété d'évaluation reflète souvent une peur du rejet. Mais après tout, que se passera-t-il si Régis le rejette ? Est-ce un ami proche, quelqu'un que Pierre-Louis rencontre chaque jour ? Si Pierre-Louis envisage la question sous cet angle, il en conclura rapidement qu'il n'a rien à perdre s'il déçoit Régis ou si ce dernier le rejette. Son anxiété lui paraîtra subitement déplacée voire ridicule.

En outre, il n'est pas du tout certain que Régis réagisse avec colère ou sarcasme. Souvent, les individus qui essaient de nous forcer la main sont simplement en train de tester nos limites. Et quand nous exprimons clairement et fermement notre volonté, ils font, la plupart du temps, marche arrière.

Chaussure à son pied

« C'est un trente-huit, c'est votre taille, affirme la vendeuse.

— Mais mon gros orteil me fait mal », répond Dominique, fixant ses pieds comme si l'étroitesse des chaussures était perceptible.

La vendeuse se met aussi à regarder les chaussures.

« Elles se feront très vite. C'est la dernière paire que nous avons. Si vous ne les prenez pas maintenant, je ne peux pas vous garantir que nous en recevrons d'autres. »

Dominique est indécise. Les chaussures vont parfaitement avec son tailleur noir, et elle pourrait les porter ce soir même, mais ses pieds lui font l'effet d'être comprimés dans un étau. Elle amorce une objection.

« Je sais que c'est du trente-huit. Mais il doit tailler petit.

— Non, c'est un trente-huit normal. Vous avez tort de ne pas les prendre tout de suite. Vous allez avoir un succès fou avec. »
Dominique demeure indécise.
« J'ai comme l'impression qu'elles ne me vont pas tout à fait.
— C'est pourtant votre taille, insiste la vendeuse, qui se penche et appuie sur l'extrémité des chaussures. Elles sont parfaites. Vous avez remarqué comme le cuir est souple ? Si elles paraissent trop étroites, elles vont se faire. »
La vendeuse regarde Dominique comme si celle-ci était quasiment débile. Se sentant rougir et à son corps défendant, Dominique achète les chaussures. De retour chez elle, elle se prépare pour un dîner et met les chaussures, tout en se répétant : « La vendeuse a dit qu'elles allaient se détendre. » Et, miracle, elle n'a pas mal aux pieds. Pas encore... Parce que le dîner étant un buffet, chaque fois qu'elle doit se lever, elle souffre terriblement, à tel point qu'elle préfère ne rien manger.
Quand elle se déchausse, tard dans la nuit, ses pieds sont rouges et couverts d'ampoules. Furieuse d'avoir dépensé autant d'argent pour une paire de chaussures trop petites, elle les remet dans leur boîte et les lance dans les profondeurs d'un placard. « Je n'irai jamais plus dans ce magasin », se jure-t-elle.

La situation que vit Dominique est tout à fait banale. Qui n'a jamais été confronté à un vendeur tenace et persuasif ? Qui n'a jamais acheté un objet inutile ou un vêtement importable après avoir écouté les boniments irrésistibles et irrévocables d'un professionnel habile ? Comme Dominique, nous nous sommes tous laissés convaincre. Comme Dominique, nous avons pensé que nous pourrions, par la suite, regretter de ne pas posséder cet objet ou ce vêtement, devenus sur l'instant indispensables. Alors, plutôt que de déplorer d'avoir laissé passer une bonne affaire, nous préférons acheter.

Nous agissons souvent ainsi quand nous nous trouvons piégés dans un contexte d'urgence, créé par le vendeur – l'occasion à saisir ne se présentera plus – auquel s'ajoute l'argument décisif lié au manque – il n'en reste plus en stock. Avec en arrière-plan, la certitude que le vendeur est toujours plus qualifié que l'acheteur. Ainsi, persuadée que ces chaussures lui vont très bien et que c'est la dernière paire disponible dans le magasin, Dominique sort sa carte de crédit. Elle prendra conscience plus tard de son erreur quand elle s'apercevra que ces chaussures sont vraiment trop étroites. Et sa réaction de colère ne pourra rien y changer.

Pour éviter de se retrouver dans une situation identique, Dominique doit essayer tout d'abord de prendre la mesure de son interlocuteur, de le replacer à sa juste valeur. Comme nous l'avons vu dans le chapitre V, il est important de tenir compte de la personne avec laquelle nous traitons. Dominique peut se souvenir que les vendeurs sont formés pour... vendre, c'est-à-dire qu'il leur faut absolument convaincre, voire manipuler, leurs clients pour qu'ils achètent.

Cette détermination se déguise souvent sous les apparences d'une aide bienveillante mais insistante, qui renforce encore l'obligation d'achat. Il est, en effet, difficile de décourager un individu aussi aimable, qui semble chercher avant tout à vous faciliter la tâche. Le simple fait de prendre conscience que nous sommes soumis à des pressions, de penser : « Cette vendeuse me pousse à acheter », peut nous aider à rester maîtres de la situation et à l'observer avec plus d'objectivité.

Par ailleurs, Dominique n'a pas besoin de prendre une décision immédiate. Quand nous ne sommes pas entièrement convaincus du bien-fondé d'un achat, la meilleure des solutions consiste à s'accorder un temps de réflexion. Dans notre exemple, si Dominique avait pu remettre sa décision à plus tard, elle aurait quitté le magasin et compris, une fois seule, qu'acheter une paire de chaussures qui ne lui vont pas, sous prétexte qu'elles lui iront un jour, n'est pas vraiment une bonne idée.

Enfin, il faut que Dominique se persuade que ce n'est pas à elle de faire plaisir à une vendeuse mais plutôt l'inverse et qu'elle a le droit de refuser d'acheter une paire de chaussures qui ne lui conviennent pas. Au lieu de se culpabiliser et de se sentir vaguement ridicule, si elle s'oppose à cet achat, Dominique ferait mieux de penser : « Je ne suis pas là pour satisfaire une vendeuse, je n'ai pas besoin de son approbation, je n'ai aucun lien avec elle. » Et si la vendeuse paraît déçue ou manifeste une quelconque contrariété : « C'est son problème et pas le mien. »

À la queue

« Ça fait bien une demi-heure que j'attends, pense Catherine, accablée par la chaleur qui règne à l'intérieur de la poste. Et pourtant, c'est l'heure creuse... »

Elle se crispe sur sa lettre recommandée et compte encore une fois les personnes qui la précèdent. À côté d'elle, la queue semble avancer plus vite, mais un peu plus loin, elle est stationnaire.

« C'est pas possible », dit un homme derrière elle.

Catherine se retourne, le regarde, soupire, hoche la tête avec sympathie. Elle vérifie pour la dixième fois son enveloppe ; tout semble parfait. Elle regrette de n'avoir rien emporté à lire. Trente minutes perdues à attendre, alors qu'elle a tant à faire ! « Ils pourraient ouvrir plus de guichets », déclare quelqu'un.

Enfin ! La personne devant elle en a terminé avec le postier. C'est alors qu'un homme très élégant se précipite, dépasse Catherine et s'installe à sa place au guichet. Catherine, interdite, le fixe intensément. Il ne lui accorde pas un regard. Elle se permet de lui faire une remarque :
« Excusez-moi, monsieur, mais vous venez de passer devant moi.
— J'achète juste un carnet de timbres », répond-il vivement, et il commence à discuter avec le postier. Catherine, prise de cours, ne sait plus quoi dire. Mais lorsqu'elle entend l'homme réclamer un paquet recommandé, elle fulmine intérieurement. Quand son tour arrive enfin, elle est de très mauvaise humeur et n'est pas aimable avec le postier. Et quand ce dernier lui fait remarquer qu'elle a oublié de remplir une fiche pour sa lettre recommandée, sa colère éclate. Elle lui déclare qu'il est nul et que d'ailleurs le service de la poste est lamentable. Les personnes qui sont derrière commencent à s'agiter et à grommeler. Catherine, incapable de se contrôler, les insulte et sort furieuse.

De même que Dominique déplaçait sa colère sur ses chaussures, Catherine la détourne de sa cible initiale (l'homme sans-gêne qui la dépasse), vers le postier et les autres personnes qui attendent derrière elle. Elle s'énerve, fait perdre du temps à tout le monde, et sort sans avoir envoyé sa lettre recommandée, exaspérée, stressée, son taux d'adrénaline au plus haut. Pendant ce temps, l'homme responsable de l'incident a terminé sa transaction, a quitté la poste sans avoir fait la queue et sans la moindre culpabilité.

Nous comprenons tous la réaction de Catherine et ce qu'elle éprouve. Faire la queue dans un lieu public est bien souvent une épreuve. Que ce soit au cinéma ou dans une administration, attendre son tour exige des capacités de patience et de résistance quasiment inhumaines. Comme si cela ne suffisait pas, il arrive toujours quelqu'un qui tente de resquiller sous un prétexte fallacieux. Et on ne dit rien, on ravale sa fureur, on continue à attendre. Catherine n'a pas un comportement aussi passif mais sa conduite semble quand même inadaptée. Elle retient sa colère et l'exprime plus tard, mais elle se trompe d'adversaire en agressant des personnes innocentes. Aussi, en n'osant pas dire non, elle commet une injustice, se retrouve frustrée, furieuse. Elle a « tout faux ».

Dans des cas comme celui-ci, une des manières les plus simples de défendre votre point de vue et vos droits, c'est d'utiliser le « Je comprends que vous... mais je... », dont nous avons parlé dans le chapitre VI. C'est une façon à la fois directe et polie d'engager un dialogue qui ne véhicule pas d'hostilité manifeste et qui permet à l'autre de changer d'attitude. Catherine, plutôt que de rester muette de saisissement, aurait pu répondre au « J'achète juste un carnet de timbres » : « Je comprends que vous soyez pressé, mais je le suis aussi et j'attends depuis trente minutes. Faites comme moi, attendez votre tour. » Le resquilleur, qui tente toujours sa chance – si ça marche, tant mieux – se rendra compte alors que ça ne marche pas cette fois-ci. Et si Catherine se montre ferme et déterminée dans ses déclarations, il fera marche arrière.

En outre, Catherine sait qu'elle a derrière elle un groupe d'individus qui attendent et qui ne souhaitent pas perdre davantage de temps... Et qui sont susceptibles de la soutenir. Parfois, il suffit, pour exprimer un non ferme, de se souvenir qu'on n'est pas isolé. Ce sentiment d'avoir des alliés doit encore renforcer sa confiance et son assurance. Elle peut également les intégrer à sa réponse : « Ceux qui attendent derrière moi n'apprécieraient pas que je vous laisse passer. » En exprimant son refus au nom de « nous tous », elle place le resquilleur seul face au groupe, dans une position

difficile à tenir. Là encore, il devra faire marche arrière afin d'éviter une réprobation collective.

Sauve qui peau

Charlotte veut absolument essayer une nouvelle crème antiride, très efficace, pense-t-elle, puisqu'elle est uniquement délivrée sur ordonnance. Dans un de ses magazines préférés, elle a lu un article épatant, rédigé par un dermatologue de renom. Après trois mois d'acharnement, elle obtient un rendez-vous avec lui. Elle est très excitée à l'idée de rencontrer une célébrité du monde de la cosmétologie. Peut-être pourra-t-elle se faire conseiller une crème solaire.

L'atmosphère du cabinet médical est feutrée, la salle d'attente somptueuse. « Entrez, madame », lui déclare gravement le praticien, en l'introduisant dans son bureau, aussi grand qu'un salon et meublé avec goût. Quand Charlotte est assise, il lui pose quelques questions.

« Je voudrais utiliser votre crème exfoliante, dit-elle. Celle dont vous parlez dans la presse.

— Laissez-moi examiner votre peau. »

Après quelques minutes passées sous une énorme rampe de spots, elle entend la sentence :

« Cette crème n'est pas adaptée à votre cas. Je vous conseillerais plutôt un peeling pour atténuer les effets du soleil, suivi d'injections de collagène. Après cette remise en forme, il vous suffira d'un léger peeling d'entretien de temps à autre, évidemment associé à des produits maison. »

Charlotte n'en croit pas ses oreilles. Elle est venue pour une prescription banale, pas pour un traitement de choc.
« Un peeling et du collagène ? répond-elle, abasourdie.
— Mais oui. Vous êtes une parfaite candidate pour ce genre d'intervention. Votre peau possède encore des qualités d'élasticité et une structure correcte. »
Charlotte ne dit mot, aussi le médecin poursuit-il de plus belle.
« Il est évident qu'un traitement de ce type doit être réalisé le plus tôt possible, pendant que la peau est encore souple. »
Charlotte songe alors qu'il serait merveilleux d'avoir de nouveau l'air jeune, qu'on la regarderait différemment dans la rue, que son mari... Mais le traitement proposé coûte une fortune.
« Je suis désolée, je ne peux pas payer une telle somme actuellement, se reprend-elle.
— C'est plus abordable que vous ne l'imaginez. Et, bien évidemment, des paiements échelonnés sont toujours possibles.
— Combien de temps serais-je défigurée ?
— C'est un bien grand mot ! Avec le type de peeling que je préconise, une à deux semaines sans sortir. Ensuite, le collagène, c'est l'affaire de deux mois pendant lesquels vous venez au cabinet une fois tous les quinze jours. Quant au traitement d'entretien, c'est deux fois par an.
— C'est un véritable engagement, dit Charlotte suffoquée.
— C'est votre peau, répond le médecin.
— Je vais réfléchir. »
Charlotte n'a pas l'intention de suivre ce traitement pour le moment, mais elle se sent incapable de le dire. Elle

se lève. Dans l'ascenseur, elle s'aperçoit qu'elle est partie sans l'ordonnance pour laquelle elle était venue.

Charlotte se trouve dans une situation que nous avons tous eu l'occasion d'expérimenter : la confrontation à un expert, qui, en l'occurrence, est un ponte plutôt impressionnant. En général, nous sommes tellement fiers et heureux d'avoir la chance de rencontrer, même quelques minutes, un personnage de cette importance, qu'il ne nous vient pas un instant à l'esprit de critiquer ses propos. Il suffit qu'il nous regarde, qu'il parle de nous, et c'est le bonheur parfait. Nous lui sommes si reconnaissants de nous avoir reçus que nous restons muets de contentement devant n'importe quel verdict ; comme si, en ne discutant pas, nous nous attendions à recevoir des félicitations pour bonne conduite.

Cependant, il est bon de le rappeler, malgré toutes les vertus dont nous les parons, ces superstars sont des êtres humains, exposés à l'erreur, ou pire, d'habiles escrocs. Le domaine de la cosmétique est particulièrement réputé pour ses promesses miraculeuses et... souvent mensongères. Dans le cas de Charlotte, elle sait que le traitement que le médecin lui conseille n'est pas pour elle, mais elle ne peut pas se résoudre à lui dire non franchement, de peur d'être ridicule ou de le décevoir.

Comme les relations parents-enfants, décrites dans le chapitre II, les relations médecins-patients reposent sur le modèle complémentaire autorité/obéissance. Le docteur sait tout, son patient ne sait rien et doit suivre ses prescriptions. Par conséquent, si Charlotte n'écoute pas les conseils de son docteur, elle devient une mauvaise patiente. Docilité et soumission rendent la vie du médecin plus facile ; le patient n'en tire pas nécessairement les mêmes bénéfices.

Comme une bonne petite fille qui veut gagner l'amour de ses parents, Charlotte veut obtenir l'approbation de son docteur. Elle pose bien quelques questions, mais ne se résout jamais à prendre une décision ferme. Elle est constamment tiraillée entre des désirs contradictoires qui la perturbent, mais qu'elle n'ose même pas aborder. De quoi aurait-elle l'air si elle avouait sa perplexité face à un discours si simple, si net ? Elle en oublie le but de sa visite et part, extrêmement troublée, sans la fameuse crème !

Dans des cas comme celui-ci, l'« écran de brouillard », dont nous avons parlé dans le chapitre VI, peut vous aider. Cette technique permettra à Charlotte de laisser croire au médecin qu'elle entend ce qu'il lui dit et qu'elle y accorde un certain intérêt. Elle ne prend donc pas le risque de le heurter de front, mais si elle utilise conjointement le « disque rayé », elle ne perd pas de vue son objectif et elle continue à réclamer la crème. La conversation pourrait se poursuivre comme suit :

« Cette crème n'est pas adaptée à votre cas. Je vous conseillerais plutôt un peeling pour atténuer les effets du soleil, suivi par des injections de collagène...

— C'est en effet une possibilité, mais j'aimerais pour le moment que vous me prescriviez la crème dont vous parlez dans l'article.

— Vous êtes pourtant une parfaite candidate pour ce genre d'intervention.

— C'est très intéressant. Mais j'aimerais en apprendre davantage sur cette crème.

— Écoutez, le traitement que je vous conseille doit être réalisé le plus tôt possible...

— Je suis contente de le savoir, mais d'un autre côté, je pourrais utiliser cette crème immédiatement et cela serait moins coûteux.

— Les traitements de fond sont plus abordables que vous ne l'imaginez.

— Vraiment ? Mais, quel est le prix de la crème ? », etc.

En utilisant ces techniques, Charlotte paraît préserver l'autorité du médecin, tandis qu'elle poursuit tranquillement son propos sans se laisser détourner de son but.

Vive le cassoulet

Sébastien vient de terminer son article et décide de s'offrir un cassoulet. Ça lui rappellera le bon vieux temps quand il habitait Toulouse. Il a justement lu récemment qu'un restaurant spécialisé venait d'ouvrir pas loin de chez lui. Il en a déjà l'eau à la bouche.

« Vous avez réservé ? lui demande le garçon.

— Euh, pas vraiment », répond Sébastien en contemplant la salle vide.

On l'installe cérémonieusement et on lui présente la carte. Après l'avoir lue, il demande un cassoulet. Quelques minutes plus tard, on lui apporte un kir « offert par la maison », dont il n'a pas envie, mais qu'il boit et trouve abominablement sucré. On lui apporte des toasts au... (au quoi d'ailleurs ?) « pour se mettre en bouche », dont il n'a pas envie mais qu'il mange et trouve insipides.

« Ça commence bien ! », pense-t-il en attendant le cassoulet qui se fait lui-même attendre.

Trois quarts d'heure après, on lui apporte un cassoulet tiède et trop salé, dont il n'a plus du tout envie, mais qu'il mange sous l'œil attentif et sombre du garçon.

« Quelle horreur, pense-t-il. Je vais être malade. »

« Tout va bien ? demande le garçon, un soupçon dans la voix.

— C'était parfait, l'addition s'il vous plaît. »

Elle aussi est très salée !

Que s'est-il passé ? Sébastien n'a pas besoin de la carte, mais il l'accepte quand même. Il ne veut pas d'apéritif, mais il ne le refuse pas. Il ne l'aime pas, mais il le boit. Il ne veut pas de toasts, mais là encore, il ne les refuse pas. Bien qu'il ne les aime pas, il les mange quand même. Quand arrive enfin le cassoulet, il ne dit pas « C'est vraiment trop mauvais » en le renvoyant, mais il le mange. Et même quand le garçon lui demande si tout va bien, il ne lui dit pas ce qu'il pense. Sébastien cependant dit non à tout, mais il ne le dit qu'à lui-même.

Comme nous l'avons vu dans le chapitre II, ceux d'entre nous qui ont des difficultés à dire non ont été élevés pour devenir de « bons » enfants. Ils ont compris (ou cru comprendre) qu'on leur demandait d'être polis, de respecter l'autorité en toutes circonstances, et d'accepter des situations désagréables sans se plaindre. Mais si la vie en commun et en société exige un certain degré de civilité et de courtoisie, l'excès en ce domaine constitue un handicap ; ceux qui, à l'âge adulte, se conforment avec exactitude à ces modèles de conduite vont obligatoirement en souffrir. En effet, ils ne disposent pas de moyen de défense contre l'agressivité qu'ils peuvent rencontrer quotidiennement. Sébastien en est un exemple parfait. Nous pouvons l'imaginer dans le rôle du voisin charmant ou de l'employé idéal. Mais, pour les moins scrupuleux, Sébastien est surtout un individu manipulable dont on peut profiter sans vergogne.

Au restaurant, Sébastien sait pourtant précisément ce qu'il veut. Il est donc parfaitement conscient de ce qu'il ne veut pas, mais il garde ses réflexions pour lui, probablement parce qu'il ne sait pas comment énoncer un refus. Il n'a jamais vraiment appris et en outre, il pense qu'il n'en a pas tout à fait le droit.

Cependant, dans la vie quotidienne, le droit de dire non constitue la première véritable protection du consommateur. Tel un bouclier, un non ferme et définitif peut éloigner la menace d'un vendeur retors, peut vous permettre de choisir entre un achat nécessaire et une dépense inutile ; il vous aide à exercer votre contrôle sur la qualité des produits et des services proposés. Il faut le savoir et en être persuadé. Mais alors, comment exprimer ce non ?

Dans le cas de Sébastien, sa position de client est, contrairement à ce qu'il pense, une position de force. Il a le droit d'exiger un service correct dans la mesure où il l'est lui-même. Or, on le fait attendre, on lui propose un plat immangeable ; en résumé, on le traite mal. Par conséquent, il faut qu'il dise très clairement, sans agressivité mais fermement au garçon : « Vous n'y êtes pour rien, mais ce cassoulet est froid, je vous prie de le rapporter à la cuisine. » Si le garçon manifeste un certain étonnement, Sébastien doit persister dans ses intentions en utilisant la technique du « disque rayé », dont nous avons parlé au chapitre VI, qui consiste à ne pas se laisser distraire par les arguments de l'interlocuteur et à garder en tête son point de vue en le défendant avec constance. Par exemple, le garçon peut faire remarquer à Sébastien qu'il est la première personne à lui dire une chose pareille (tentant ainsi de le déstabiliser en le culpabilisant). « C'est bien possible, mais moi, je ne veux pas manger un cassoulet froid », répondra Sébastien, refusant de se sentir coupable. Le garçon peut encore lui déclarer : « Le chef ne va pas être content » (essai d'intimidation). « C'est son problème, le mien est d'avoir le plus vite possible mon cassoulet chaud. » Sébastien peut également ajouter : « Et plus vous me l'apporterez rapidement, plus je serai content, moins je continuerai à vous ennuyer », afin de terminer la discussion sur une ouverture (nous aurons l'un et l'autre gagné quelque chose).

La voie express du chauffeur de taxi

« Bonjour, dit Jacques, Roissy-Charles-de-Gaulle, s'il vous plaît.

— À quelle heure, votre vol ? demande le chauffeur de taxi.

— À 9 heures. Nous avons largement le temps. »

Le taxi démarre en trombe et prend une direction qui étonne Jacques.

« Pourquoi passez-vous par là ?

— Moins de circulation », répond laconiquement le conducteur.

Jacques, rassuré, s'installe confortablement et entreprend de ranger son attaché-case. Quand il lève les yeux, un quart d'heure plus tard, il constate que le trajet lui est totalement inconnu.

« Je ne suis jamais passé par là pour aller à Roissy, dit-il, se sentant anxieux tout à coup. C'est bien là que vous m'emmenez ?

— Pas de problème, indique le chauffeur, toujours aussi laconique.

— Mais ne devrait-on pas déjà être sur le périphérique ? remarque Jacques.

— Il y a moins d'embouteillages par cette route. Vous n'avez pas envie d'être coincé dans les embouteillages ? »

Jacques ferme son attaché-case, regarde autour de lui et cherche, en vain, des panneaux signalant l'aéroport.

« Nous sommes perdus, dit-il d'une voix subitement tendue.

— Écoutez, vous êtes perdu mais pas moi. Ça fait vingt ans que je suis taxi, je n'ai jamais demandé à mes clients quelle route je devais prendre ; je connais les bons trajets. »

Jacques s'accroche à son siège, ses genoux s'entrechoquent, il commence à avoir mal à la tête. Il a presque envie d'arrêter le taxi mais alentour, les rues désertes le

> découragent. Il jette un coup d'œil à sa montre. Moins d'une heure pour attraper l'avion !
> « Je préférerais qu'on prenne le périphérique, murmure-t-il faiblement.
> — On y est presque, mais si vous voulez revenir sur vos pas, c'est possible », répond ironiquement le chauffeur.
> Jacques ne dit plus rien. Il se demande pourquoi il n'a pas exigé au départ de passer par le périphérique. Quand le taxi arrive enfin à l'aéroport, Jacques paie un prix exorbitant, prend ses jambes à son cou pour attraper son avion... et oublie son agenda électronique sur la banquette arrière.

Quand il monte dans le taxi, Jacques est décontracté, serein et tranquille. Il a largement calculé son temps pour aller à l'aéroport ; il pourra prendre un café, s'acheter un journal et attraper son avion sans problème. En somme, tout va bien. De son côté, le chauffeur de taxi le rassure en affirmant qu'il va emprunter un chemin particulier pour éviter les embouteillages. Dans ces conditions, Jacques le laisse agir à sa guise et en profite pour mettre de l'ordre dans ses papiers. Un quart d'heure après, la situation s'est dégradée. Jacques ne reconnaît pas le trajet, il a perdu ses repères et sa tranquillité d'esprit : c'est la panique. D'où une bouffée d'anxiété qui va progressivement croître et l'envahir. Il est soudain tendu, tremblant, quasiment migraineux, désorganisé et incapable de trouver une parade efficace. Cette réaction est encore amplifiée par le comportement du chauffeur de taxi qui se met en colère et le lui fait savoir sans ménagement.

Jacques est totalement désemparé devant une telle accumulation de « stresseurs ». Au lieu de rassembler ses idées et d'essayer de trouver une solution valable, il semble effondré, comme anéanti et paralysé. Nous avons tous vécu des situations semblables, dans lesquelles nous nous sentions comme pris en otage par un chauffeur de taxi qui nous menait à son gré, sans qu'il soit possible de le contrôler. Que nous habitions depuis longtemps une région ou que nous soyons étrangers, que nous connaissions ou pas le chemin, un trajet en taxi ressemble parfois à un parcours initiatique où nous devons affronter un certain nombre d'épreuves avant d'arriver au but. Comment réagir afin d'éviter manipulation et frustration ?

Revenons à Jacques, à qui nous pourrions conseiller de préparer son non, c'est-à-dire d'être un peu plus actif. Pour cela, il faudrait qu'il tente de comprendre ce qui se cache derrière son anxiété. Tout d'abord, la crainte de rater son avion et d'arriver en retard à un rendez-vous important ; sentiment tout à fait légitime, qui devrait l'inciter à une plus grande vigilance et à agir en conséquence. Ce qu'il fait en partant bien à l'avance, mais à moitié puisqu'il néglige de prévoir son trajet, autrement dit de préparer des arguments pour un non éventuel. Pourquoi ? Parce qu'il se laisse guider par ses pensées automatiques : « Un chauffeur de taxi connaît mieux que moi le trajet pour aller à l'aéroport ; c'est lui le professionnel, pas moi ». Il se retrouve ainsi dans une position passive, comme s'il avait abandonné l'idée d'une quelconque maîtrise, au profit d'un spécialiste qui sait tout. Aussi, l'anxiété qu'il ressent est-elle d'autant plus importante que ses pensées automatiques sont opérantes. Jacques ne se reconnaît pas le droit à la parole ; d'ailleurs, il parle peu au chauffeur de taxi et d'une façon inadéquate. En revanche, le discours du chauffeur de taxi renforce ses pensées automatiques et, par là même, son anxiété.

Jacques doit prendre conscience de ses pensées automatiques, les critiquer et les remplacer par des pensées alternatives, mieux adaptées à la réalité. Il peut et il a le droit de préférer un trajet à un autre et d'en informer le chauffeur de taxi. Il peut et il a le droit de demander des informations sur tel ou tel trajet choisi par le chauffeur. À condition que ses remarques portent sur des faits précis et soient énoncées clairement, fermement, sans agressivité. Au lieu de dire « Nous sommes perdus », Jacques pourrait demander : « Je voudrais savoir où je suis et quel chemin vous empruntez », ou encore : « Je veux passer par X, puis par Y... » Les commentaires flous et généraux sont souvent mal perçus, mal interprétés et ne facilitent pas la communication, tandis qu'un discours direct et personnalisé (utilisation du « je ») ne prête à aucune confusion et favorise un échange plus authentique. Ce discours et ce comportement lui auraient évité de se faire agresser, de s'angoisser, lui auraient permis de conserver son calme et... son agenda.

Exercices

Exercice n° 1

Reliez chaque réflexion avec la distorsion cognitive (déformation de la réalité) qui lui correspond.

Un samedi matin, le mari demande à sa femme d'aller chercher une lettre recommandée pendant qu'il prend son bain. « Ça m'arrangerait puisque tu ne fais rien en ce moment. »

Elle se dit :

Expressions	Distorsions cognitives
A. « C'est toujours moi la bonne poire. »	1. Généralisation
B. « Si je refuse, il va me quitter. »	2. Prédiction négative
C. « Si je le fais, je devrai aller dorénavant chercher toutes ses lettres recommandées. »	3. Ruminations
D. « Il me demande toujours de faire des trucs qui ne me plaisent pas, et jamais il ne me propose des trucs qui me plaisent. »	4. Personnalisation
E. « Si je refuse, il va bouder toute la journée. »	5. Sélection arbitraire
F. « Je suis nulle, je n'aurais pas dû y aller, je suis minable. »	6. Catastrophisme
G. « Il sous-entend que je ne fais jamais rien. »	7. Maximisation du négatif, minimisation du positif

Réponses

A4
B6
C1
D7
E2
F3
G5

Exercice n° 2

Les réponses données sont-elles affirmées, inhibées ou agressives ?

A. Votre frère vous demande de garder ses enfants pendant le week-end.

Vous répondez : « C'est ton problème de t'occuper de tes enfants. »

B. Un collègue vous demande de le raccompagner chez lui en voiture. Ce qui vous ennuie, car vous avez des courses à faire et il n'habite pas vraiment sur votre chemin.

« Je suis pressé ce soir. Je ne peux pas te raccompagner chez toi mais je peux te déposer à une station de métro sur mon chemin si tu le souhaites. »

C. Dans une boutique, le vendeur vous recommande fortement un pantalon pour lequel vous hésitez encore.

Vous répondez : « Oui, finalement, c'est à peu près ce que je veux. Je crois que je vais l'acheter. »

D. Un ami vous demande de lui prêter votre voiture pour la journée.

« Euh, ça ne m'ennuie pas vraiment mais, tu sais, les freins ne marchent pas bien en ce moment. »

E. Un représentant à domicile insiste pour vous vendre une encyclopédie au profit des sourds-muets.

« Vous imaginez que c'est parce que c'est pour des sourds-muets qu'on est obligé de vous acheter ces bouquins. Certainement pas ! »

F. Une amie vous a promis de venir déjeuner chez vous. Ne la voyant pas arriver, vous l'appelez au téléphone. Elle a eu un empêchement.

« Je comprends, mais je pensais que tu me préviendrais. Je suis très ennuyé. »

G. On vous rend troué le pull que vous avez porté à la teinturerie.

« C'est incroyable, Vous ne pouvez pas faire attention à ce que vous faites. »

H. Une amie vous téléphone pour vous demander de l'aider à ranger sa maison après son déménagement un dimanche.

« Oh là, là, ça ne va pas plaire à mon mari. Il n'aime pas rester seul le dimanche. »

I. Votre secrétaire fait des fautes d'orthographe.

« Décidément, vous êtes nulle. »

J. Vos enfants font un bruit assourdissant dans la pièce voisine. Vous tapez sur le mur et dites : « Ça suffit comme ça. Silence ! »

K. Au bureau, on a fixé l'horaire pour une réunion hebdomadaire. Il convient à tout le monde sauf à vous.

« Eh bien, je vais m'arranger, ça va aller ; je ne pourrai pas être tout le temps là, mais si ça convient à tout le monde... »

L. La musique de chez votre voisin du dessous vous dérange.

Vous allez sonner et dites : « Bonjour, je suis votre voisin du dessus. Votre musique est très forte et me gêne beaucoup. Pourriez-vous baisser le son s'il vous plaît ? »

M. Votre mari veut regarder le match de foot à la télé. Vous souhaiteriez regarder un film sur l'autre chaîne.

« Bon, regarde ton foot, je vais faire autre chose. »

N. Votre sœur critique vos vêtements devant des amis.

« Ça m'est très pénible que tu me fasses des critiques personnelles devant des amis. Je souhaite qu'à l'avenir tu me dises ce qui ne va pas quand nous sommes seules. »

O. Après un cinéma, un ami vous propose d'aller grignoter quelque chose. Vous êtes fatigué et désirez rentrer chez vous.

« Je n'ai pas très envie. Mais si tu veux manger quelque chose, je peux t'accompagner même si je ne prendrai rien, car je n'ai pas faim. »

P. Un voisin, à qui vous avez plusieurs fois prêté votre perceuse et qui vous l'a rendu cassée la dernière fois, vient à nouveau vous demander de la lui prêter.

« Je suis désolé, ma perceuse est en panne. Je pourrai vous la prêter quand elle sera réparée. »

Q. Votre collègue de bureau laisse habituellement tout en désordre.

« Je n'arrive pas à retrouver mon dossier. Sais-tu où il est ? »

Réponses

A. Agressif
B. Affirmé
C. Inhibé
D. Inhibé
E. Agressif
F. Affirmé
G. Agressif
H. Inhibé
I. Agressif
J. Agressif
K. Inhibé
L. Affirmé
M. Inhibé
N. Affirmé
O. Inhibé
P. Inhibé
Q. Inhibé

Conclusion

Penser, c'est dire non. Remarquez que le signe du oui est d'un homme qui s'endort ; au contraire, le réveil secoue la tête et dit non.

Alain

Nous espérons qu'après avoir lu ce livre, vous allez cesser de vous dire non à vous-même et devenir plus fort, plus solide, plus indépendant.

Vous pouvez exercer un véritable contrôle sur votre existence, sur votre avenir, en osant être différent, en ayant le courage de prendre position – même si cela n'est pas toujours bien perçu par les autres – en acceptant vos penchants et vos désirs. Vous vous assumerez en tant qu'être humain au sens le plus noble du terme, en vous distançant de ce que vous ne voulez pas et en tentant d'atteindre vos objectifs. En outre, décider au lieu de se laisser porter par les événements restaure l'estime de soi.

En osant dire non, vous prendrez une part plus active dans votre vie et dans la société : exprimez votre individualité, refusez les valeurs qui vous phagocytent ou vous engloutissent, le conformisme et la soumission qui vous déshumanisent. Ne soyez pas les clones les uns des autres. Osez le non positif, l'action plutôt que l'apathie, la participation plutôt que la passivité, l'engagement plutôt que l'inertie. Vivez le non comme une nouvelle aventure.

Il vous reste à trouver et à construire votre « projet personnel de gestion du non », adapté à vos besoins, réaliste et souple. Certaines des méthodes que nous vous avons proposées vous conviendront mieux que d'autres. Vous les repérerez progressivement et parviendrez peu à peu à les utiliser, à votre rythme. Vous allez y arriver en prenant votre temps et en demeurant vigilant.

Et, parce que vous aurez su dire non, vous pourrez alors dire oui avec plaisir et une vraie conviction.

Bibliographie

ANDRÉ Christophe, *Les Thérapies cognitives*, coll. « Essentialis », Bernet-Danilo, 2002

ANDRÉ Christophe, LEGERON Patrick, *La Peur des autres*, Odile Jacob, 2003

ANDRÉ Christophe, LEGERON Patrick, LELORD François, *La Gestion du stress*, coll. « Essentialis », Bernet-Danilo, 2002

BARUK Stella, *L'Âge du capitaine*, Éditions du Seuil, coll. « Points Sciences », 1992

BEAUDRY Madeleine, BOISVERT Jean-Marie, *S'Affirmer et communiquer*, Éditions de l'Homme, 1999

BETTELHEIM Bruno, *Psychanalyse des contes de fées*, Pocket, 1999

DOLTO Françoise, *L'Image inconsciente du corps*, coll. « Points Essais », Éditions du Seuil, 1992

FREUD Sigmund, *Abrégé de psychanalyse*, coll. « Bibliothèque de psychanalyse », PUF, 1998

FREUD Sigmund, *La Vie sexuelle*, coll. « Bibliothèque de psychanalyse », PUF, 2002

GIDEL Henry, *Les Deux Guitry*, coll. « Grands Biographes », Flammarion, 1995

HALL Edward T., *Le Langage silencieux*, coll. « Points Essais », Éditions du Seuil, 1984

MELVILLE Herman, *Bartleby*, Mille et une Nuits, 1994

SARY Patrick, *La P.N.L.*, coll. « Essentialis », Bernet-Danilo, 2000

SPITZ René A., *Le Non et le oui*, PUF, 1994

URY William, *Comment négocier avec les gens difficiles*, Éditions du Seuil, 1998

WATZLAWICK Paul, HELMICK BEAVIN Janet, JACKSON Don D., *Une Logique de la communication*, coll. « Points Essais », Éditions du Seuil, 1979

WINNICOTT Donald W., *L'Enfant et sa famille*, Payot, 2002

Revue française de psychanalyse, tome 59, N° 3 « La maîtrise. L'analité », PUF, 1995

Remerciements

Nous tenons à remercier pour leur aide et leurs conseils précieux Henriette Joël, Thierry Spitzer et Philippe Baude.

Table des matières

Achevé d'imprimer par N.I.I.A.G. en janvier 2008 pour le compte de France Loisirs, Paris
N° d'éditeur : 51064 Dépôt légal : novembre 2007 Imprimé en Italie